给总是因为那句话而受伤的你

〔韩〕朴相美◎著
陈品芳◎译

中国友谊出版公司

图书在版编目（CIP）数据

给总是因为那句话而受伤的你/（韩）朴相美著；陈品芳译. -- 北京：中国友谊出版公司，2022.9
ISBN 978-7-5057-5487-4

Ⅰ. ①给… Ⅱ. ①朴… ②陈… Ⅲ. ①心理交往-通俗读物 Ⅳ. ① C912.11-49

中国版本图书馆 CIP 数据核字 (2022) 第 087623 号

著作权合同登记号　图字：01-2022-4370

Copyright © 2020 by PARK SANG MI
All rights reserved.
This Simplified Chinese edition was published in 2022 by Beijing Standway Books., Ltd.
by arrangement with Woongjin Think Big Co., Ltd., Korea
through May Agency and CA-LINK International LLC

书名	给总是因为那句话而受伤的你
作者	[韩] 朴相美
译者	陈品芳
出版	中国友谊出版公司
发行	中国友谊出版公司
经销	新华书店
印刷	河北鹏润印刷有限公司
规格	880×1230 毫米　32 开 7 印张　144 千字
版次	2022 年 9 月第 1 版
印次	2022 年 9 月第 1 次印刷
书号	ISBN 978-7-5057-5487-4
定价	49.80 元
地址	北京市朝阳区西坝河南里 17 号楼
邮编	100028
电话	(010) 64678009

推荐序

阅读，让我们不再受伤
王意中

想象自己是一个人，在孤岛上，随遇而安，与他人没有瓜葛，不需在乎、在意他人的想法、眼光，生活可多惬意。然而，想象终究只是想象。在这个世界上，人没有办法独立地存在。

"关系"这件事，复杂的程度，绝对不是一加一等于二，而是在一与二之间，有着无限的可能以及排列组合。

回到现实生活，从一起床睁开双眼，我们就与周遭的家人、伴侣产生了关系的联结，无论关系一开盘是开高走高，开高走低，开平盘，开低走低，开低走高。旋即，盘中，不时得与同事、朋友、认识的人、不认识的人、虚拟的、现实的，反复交手，直至尾盘、收盘，结束。

明日，关系又开始再次轮动。

由于没有办法全然掌握人与人之间的关系会如何发展，这些不确定性、陌生感、威胁感，很容易让自己选择畏缩、逃避、不愿面对。

关系的裂痕，持续加深中。

我们往往执着于对方有意、无意的一句话，并不时从字面上勾起负面的经验联结，唤起心中的负面感受。像陷入泥淖里，动弹不得，或走进死胡同般，处处碰壁，绕不出来，感到乌烟瘴气。但对说话的那个人而言，这些话却像过眼云烟，什么也没发生一般。

一句话该如何说，总是让我们在脑海中反复思索，以至于说不出口。

说话是一件非常细腻的事，如何说、多个字、少个字，使用"你"，改说"我"，再换成"我们"，对听者来说，解读与感受往往迥然不同。

面对同理心，先决条件在于我们是否有想要了解对方的动机，设身处地地为对方着想。这件事好说却不容易做。但在关系的建立与维系上，却不得不好好做。就如同指导一部戏，把自己设定为导演，把对方想象成演员。为引导演员入戏，好好揣摩剧中的角色，导演自己就得先进入角色（对方）的内心，以他的角度来看事情，且不时得在自己与角色之间来来回回地切换。有如坐在导演椅上，站在制高点，让自己更清楚地了解及掌握彼此之间的互动。

我常常强调一件事："我们没有办法控制别人口中所说出的话，却可以控制自己如何来解释这些话，并自行决定是否要关注它。"

人与人之间的关系，是一种联动的模式。关系的维系并不会让自我失去，反而从关系的互动中，更加看见全然的自己。同时，在关系的互动中，应该让自己处在相对安心、安全的状态，与可能面临的伤害保持应有的界限。

　　人与人之间的联结，社交距离的保持，亲密关系的拿捏，长时间的居家相处、冲突或疏离，实体面对面与虚拟视讯之间的互动调整和改变……许多的经验值重新被改写，许多的关系模式被迫下载、更新。

　　《给总是因为那句话而受伤的你》这本书可为我们指引方向。让我们逐渐掌握人与人之间对话的方向、原则，以及示范和演练，并做好滚动式修正。

　　阅读，让我们面对关系的建立，增添了许多勇气。

　　我们可以成为一个心思细腻、敏感的人，合理地解读周遭信息，并懂得感受对方。

王意中　心理治疗所所长／临床心理师

作者序

每个人都想拥有"健康的"人际关系

"人际关系到处都是地雷。"
"自己一个人虽然很孤单,但人际关系太难搞了。"
"我觉得大家都不了解我的心。"
"真希望能有一位即使我不说,但也能懂我的人。"
"家人为什么都听不懂我说的话?"
"家人为什么只要开口就会吵架?"
"我每天都因为上司的话而受伤。"

2020年新冠肺炎大流行之后,保持社交距离成了日常生活的一部分,人际关系的经营变得更加困难。过去10年来,我在许多企业、公家单位、法务部附设的教育设施、教职人员研修院等地方,每年开设300场以上的同理心、沟通及人际关系教育课程。这时才发现,上班族最烦恼的问题始终都是"人际关系"。职场关系、家庭关系、恋人关系、朋友关系等,人们总是因为各式各样的关系而受伤、痛苦。

新冠肺炎疫情严重后，年长者在家的时间变多，跟子女见面的机会大幅减少，仿佛突然成了"独居老人"，大家都受严重的忧郁症所苦。这些不会使用视频通话功能的人，总是在感叹已经很久没见到自己的家人、朋友。青少年群体中，也有很多因为在网络聊天室里跟朋友开玩笑而产生误会，进而产生网络霸凌问题的案例。

我曾经通过电话，为几位确诊者及其家人提供咨询服务，他们经历痛苦的人际关系且情况非常严重。有些人的检验结果虽然是阴性，却因为家人确诊而被疏远、孤立；有些人虽然已经痊愈，却仍然因为亲近的人和自己避不见面而严重受伤；有些人因为自己确诊导致公司停业、传染给少数同事，而成为人人喊打的"加害者"；甚至有些人表示比起新冠肺炎，他们更害怕面对接下来即将发生的人际问题。这也让我意识到，原本对经营人际关系没有信心的人，因此感到更强烈的痛苦。

我的讲座也几乎被取消，每天都在自己的咨询室里通过网络进行大学授课、企业教育，仿佛瞬间移动到一个必须一夜之间适应、熟悉全新沟通方式的环境里。

我曾经长期在企业社讯中连载《上班族烦恼咨询专栏》，没想到信件如雪片般飞来。内容大多是线上会议与教育课程用电子邮件或简讯交流的次数剧增，使得他们经常感到头痛等。

大家在用电子邮件沟通的过程中发现，用字遣词要比面对面时更小心，因为害怕误会而更加紧张，居家办公仿佛是一场家人对彼此发脾气的比赛，一天到晚吵个不停。居家办公结束后回到公司上班,反而发现人与人之间更尴尬、更难相处。无法与人见面的时间拉长,甚至开始出现忧郁感、无力感、社交恐惧症等症状。

我们已经无法回到新冠肺炎疫情前的状况了。即使疫情结束,这段时期骤变的沟通方式,也很难马上恢复到以真实生活为主的状态。人际关系不分在线与线下,如果希望沟通更加顺畅,就必须做更多的"关系练习"。我所遇见的上班族、学生、朋友,**每个人的期待都不是"断绝关系",而是"沟通与联结"**。只要能够好好练习"果决且健康的人际关系技巧,保护自己不被他人伤害",总有一天能够自然地运用它。

为什么关系也需要练习?为了正确解读对方的话

"我真的感觉到关系也需要练习。"

"因为一开口就会产生误会,导致对话更困难,但学了对话的方法之后,终于感觉到人际关系好像比较轻松了。"

"以前遇到问题就会先退缩,然后直接结束这段关系或选择离职。后来才知道自己受了很多伤,总是在逃避人际关系。现在希望能用更成熟的态度来面对。"

"我终于了解到还是要练习怎么保护自己的心,才能使家庭关系、职场关系变好。"

面对为了获得他人的好评而努力,最后使自己筋疲力尽、害怕被排挤而坐立不安的人们,除了提供咨询与教育外,我也了解唯有"关系练习",才是通往成长及幸福的唯一途径。透过同理心、沟通与关系教育,并在许多不同的例子中进行实战练习,学生们开始渐渐变得不一样了。

我们从来不曾学过"如何与他人建立健康的关系"。如果正规教育课程中有"人际关系"这堂课,如果我们能从小学习如何不受伤、不让他人受伤,经营让彼此都幸福的人际关系,那么人生是否会比现在更轻松,更能一起成长?

德国的孩子在学校时会学习"合作与尊重的关系",中小学所采用的教育方式,也是以学生彼此讨论为主轴。德国教育部也建议,教师的讲课时间应该控制在上课时间的20%,应配合学科能力的不同而出不一样的考题,不懂的问题就让学生彼此帮助、解答,借此营造充满潜力、值得被尊重的气氛,以合作成长取代以考试区分优劣,让孩子们一起成长。

英国则自2020年9月起,将"人际关系"课程纳入必修课。英国的孩子会在小学里学习如何在家庭关系、朋友关系中为他人着想及尊重他人的方法,也会学习网络及安全的人际关系等。到了高中阶段则会进一步加深内容,学习不同形态的家庭、相互尊重的人际关系、网络及媒体的安全、健康的性关系与性教育等。

为了经营"安全的关系",必须意识到自己是珍贵的存在,懂得拒绝不安全的身体接触、视状况请求协助,并学习如何了解自己的情绪、积极主动表达情绪等。此外,学习理解他人、理性沟通的对话方式则是基础中的基础。借由学习保护自己、尊重他人的"界线",帮助自己成长为懂得经营健康人际关系的成熟大人,我认为这是一定要引进国内的课程。关系也需要练习，只要经过学习与练习，就能活出与过往截然不同的人生。

有同理心，才能拥有好关系

歌德说："人只能听到自己了解的事物。"每个人都是以自己的标准来思考、看待他人。如果不练习如何聆听、诠释他人说的话，那么自己的心就会成为地狱。受伤也是一样，有些人说出口的话，会意外地使他人受到严重的伤害，**但其实我们之所以会受伤，是因为自己对那些话的"解读"。能够对他人的发言有同理心，才能拯救一段关系。**

让我们一起学习维系健康人际关系的具体方法吧！本书将以心理学理论为基础，针对具体的状况提出应对的方法与解决之道。配合不同的状况，练习、熟悉、实践具体的应对方法，自然而然就会产生自信。

虽然我们都会在人际关系中受伤，但也会从人际关系中获得幸福。如果把和人际关系有关的个人咨询、团体咨询次数加总起来，我每年会上超过1000次的关系课程。因为非常希望帮助无法实际见面的人，能透过"关系练习"获得自信；希望能帮助修复那些渐行渐远的甚至断绝的关系，所以写了这本书。书中记录10年来我在临床经验中验证有效的方法，并以简单的方式讲解说明。我会在文中提供指导，让读者都能练习、实践，更希望本书能为各位带来帮助。

想改变自己的决心，将会为人生带来改变；内心变坚强且茁壮时，关系也会跟着成长。拥有一段健康的关系，难道不是一件值得庆祝的事吗？

2020 年 9 月　朴相美

目录
CONTENTS

Chapter 1　如何从痛苦关系中解脱，不再当好人？

003　他人真的是地狱吗？

008　其实，每个人都害怕人际关系

014　为什么受伤的总是我？

020　从"经典"中，学习维系关系的智慧

025　关系为何令人窒息？

031　别老是想当好人

034　无知的人才会伤害别人

039　不要把同事当朋友

046　人会改变，关系也会成长

050　如何结交朋友，建立好关系？

054　任何一种关系都需要"刻意练习"

063　关系咨询所——给在关系中痛苦的人们

Chapter 2　说话带有同理心，才能修复关系

083　同理心的力量

092　不要说出想法，而是说出期待

097　换句话说，就能表达同理心

106　用"姿势"表达认同，并用"我们"当主词

111　以鼓励、正面用语，代替贬低、挖苦的词汇

120　不要擅自揣测他人的内心

126　比起隐忍，"说出来"才能表达感受

129　表情、眼神、动作，比语言更能透露想法

134　别把抱歉挂嘴边，多使用正面词汇来对话

138　自以为的体贴，有时最伤人

142　适时称赞，能修复关系

Chapter 3　锻炼内心，不再为关系所苦

151　模拟对话情境并事先练习，内心就能更坚强

154　抛开自责与被害意识

162　内心坚定，其他人便无法支配我

169　客观看待事情，别被情绪主导行为

177　如何摆脱忧郁及无力感？让自己动起来

182　练习活得像自己

191　培养好习惯，成为别人想交谈的对象

201　练习感谢，就能创造幸福

Chapter 1

如何从痛苦关系中解脱，不再当好人？

◇ 保持距离的技巧将创造有智慧的关系。

◇ 让人自尊扫地、时时刻刻都觉得情绪受到伤害的关系，就必须做剪枝处理。不会开花结果的关系，终究只是在浪费时间，最后连根部（自己）都会腐烂。

他人真的是地狱吗？

一个男人跟两个女人死后下了地狱，那是一个没有窗户、一直开着电灯、无法打开房门的饭店房间。原本各自过着不同人生的三人，从此再也不能入睡，只能关在同一个空间里看着彼此。那是一个无法摆脱他人视线的密闭空间，虽然没有任何能带给身体痛苦的拷问刑具，而且以地狱来说，房间的环境其实还不错。不过这三人都很依赖他人，总是向他人要求自己想要的事物，但每次都被拒绝，因此感到更孤单。

"我从来都没想过，原来这就是地狱。你应该记得我们讨论过关于拷问房的事情吧？火焰、热油、炽热地狱，对话内容荒唐至极！但其实我们根本不需要烧得火热的铁棍！因为'他人就是地狱'。"这是法国作家让 – 保罗·萨特（Jean-Paul Sartre），于1944年发表的剧本《没有出口》（*Huis clos*）中的台词。看过这部戏的人，都对这段台词留下深刻印象。后来人们在人际关系中感到痛苦时，总会这样形容："他人就是地狱。"

在人际关系中受伤的人会被这句话安慰，也会在自己与他人之前筑起更高的墙。不过萨特在1965年的《没有出口》唱片版评论中说道："深信'他人就是地狱'是代表人与人之间的关系，只有害处没有益处，其实是扭曲了这句话。"

"他人就是地狱"的意思是说，若过度沉溺在与他人的关系中，会使得这段关系变得像地狱一样。当与他人的关系变得扭曲、出现缺陷时，那么他人就会成为地狱。因为这会使人们认为，让他人从根本了解自己是最重要的事，而人们看待自己时，想让他人了解自己时，便会受到他人对自己的观点的影响。我们会变成只透过他人的判断来看待自我，无论内心怎么想，都会掺杂他人的观点。

也就是说，一个人一旦依赖他人，那么当两人之间的关系变差时，就宛如活在地狱一般。这世界上存在着许多过度依赖他人判断而有如身处地狱的人，但这也不代表我们必须从此不再与他人往来，这只是告诉我们，"他人"对每个人来说都是重要的存在。

我们都渴望获得他人的好评，即使想随心所欲地行动，仍会在意他人的视线而小心翼翼。不过，经常被称赞善良的人，很少能好好照顾自己。

在意公司同事、后辈、上司的目光，而无法畅所欲言；害怕错过公司同事在群组聊天说的话，所以下班后仍手机不离身；在意家人的想法，最后选择讨厌的工作……我们必须将受困在他人标准中的自己，从地狱中解放。如果太过执着评价，就会失去自己的个性及魅力。不必努力博取每个人的好评，也不要担心被疏远，**聪明地选择与他人保持一定的距离，反而更能够保护自己。**

千万别因为执着于人际关系，而放弃自己的人生。不要牺牲自己看别人的脸色，不要当愤怒的被害者，要先照顾好自己。一且心放轻松了，关系也会变得自在。守住自己的品格与自尊，要对自己比对任何人都更好，活出独立自主的人生，才是摆脱"他人"这个地狱的不二法门。

保持适当距离，不被彼此伤害

那是一个寒气入骨的冬日，刺猬们为了不要冻死而紧紧依偎在一起。多亏了彼此的体温才感觉不那么寒冷，但身上的刺却一直刺伤彼此，让它们痛苦万分，于是刺猬再度分开，但又无法承受分开后的寒冷。就这样，刺猬因为怀念彼此的体温而靠在一起，但又因为彼此带来的痛苦而分开，无限循环。

这是截取自叔本华（Schopenhauer）的寓言《刺猬困境》（Hedgehog's dilemma），最后这些刺猬终于学会了一个聪明的方法，那就是彼此之间保持"最低限度的距离"。事实上，刺猬会用没有刺的部分，也就是靠着彼此的头睡觉，利用这种方式祛寒。它们领悟到这是一种不让彼此痛苦又能存活的方法，而这个方法同样能套用在人类世界。

让我们回到前文的《没有出口》。密室的门开启后，3个人有了逃离房间的机会，但他们没有离开房间，因为他们认为和别人处在同一个空间固然令人厌烦，但独处更令人害怕。独处很孤单，与他人相处却很疲惫……这是"独立"与"和他人联结"这两种欲望碰撞的刺猬困境。想累积亲密感，就只能让彼此都处于受伤的人际关系中，"谨言慎行"与"脆弱的关系"将会成为重点。

因此我们需要做好"关系练习",让自己在与他人形成关系时,能够不伤害他人也不被他人伤害,保持适当的距离,过好自己的生活。

保持距离的技巧将创造有智慧的关系,我们不需太害怕因他人而受伤,因为自己可能刺伤他人,他人也可能刺伤自己,不过偶尔我们也需要头靠着头,帮助彼此撑过寒冬。人际关系就像树木般,会成长、开花,但也会遭遇病虫害,最终仍会结出繁盛的果实。那么,该怎么做才能与他人拥有健全的关系?如何才能在与他人建立关系的同时,也好好保护自己?

适当剪枝,才能留下良好的关系

会践踏他人自尊、令人情感受伤者,大多来自职场与家庭。据说有效防止山林大火的方法,是让树木彼此间隔 3 米以上。由此可知,即使是家人,也应该降低对彼此的期待,尊重各自的生活,在心灵上保持一定的距离。我曾经在位于济州岛的盆栽艺术院,学习制作盆栽。把树木移植到花盆种植,修剪枝芽后,美丽的盆栽就成了艺术作品。精巧的剪枝,能让一棵树的花朵盛开、结实累累。让植物依照个人想法生长的秘诀,就在于"剪枝的技术"。

剪枝时必须遵守严格的规范,清除不必要的树枝,然后再小心地处理被撕裂的树皮,这样植物才会长出能孕育新叶子的树枝。剪枝若做得不够好,便会失去花朵、果实与树叶,甚至让植物遭受病虫害侵袭。人际关系也是一样。**让人自尊扫地、时时刻刻都觉得情绪受到伤害的关系，就必须做剪枝处理。**不会开花结果的关系，终究只是在浪费时间，最后连根部（自己）都会腐烂。

你会害怕剪断这段关系之后，变得孤单吗？请不要担心，因为经过剪枝的地方，很快会长出全新且有益的关系，并结出丰硕的果实。

其实,每个人都害怕人际关系

人们真正渴望的,是在人际关系中不受伤且变得幸福。有时我们会因为害怕受伤、害怕被拒绝而意图切断关系,偶尔会在人际关系中遭到背叛,感到受伤及失望,但我们同时也能在人际关系中得到安慰,再次获得力量。有一条看不见的线连接着你我,而让这条线更加坚固的力量,就来自自己的内心。如果无法细心体察自己的情绪,便无法和任何人产生联结。

我们虽然无法改变对方那些令自己痛苦的话语和行为,但能够改变自己面对这一切的反应。如果希望彼此之间产生共鸣、彼此尊重,并且产生联结,就必须先专注聆听自己的心。若无法对内心想法产生同理心,自然也无法理解他人,进而会开始看人脸色,对人际关系感到疲惫,或是想要切断关系。

精神医学学者兼《活出意义来》(*Man's Search for Meaning*)一书的作者维克多·弗兰克(Vicktor Frankl)曾说,我们每个人的情绪都必须以自己为主。刺激与反应之间有一个空间,在该空间之中,有着可以选择个人反应的自由与力量,而我们的反应将左右个人的成长与幸福。弗兰克所说的"空间",就是刺激与反应的缓冲地带,而选择如何反应的自由与力量,其实就掌握在自己手中。只要能够沉着地专注于自己的心，那么我们将能在刺激与反应之间创造安全的空间，也就能选择拯救这段关系的言语和行为。

试着回想那些令你后悔的言语和行为吧！或许大多是受到他人的刺激，不假思索而说出口的话语、做出的行为。比如：

"当时我觉得很烦，所以才会发那么大的脾气。"

"当时我太激动，所以说了太过分的话。"

"当时真的很生气，所以才会失去理性。"

"现在回想起来那真的没什么，真的很后悔自己为什么要做出那种反应。"

如果能在事发当下稍微暂停一下，如果能够察觉自己内心真正的渴望，那就能够选择更好的反应。

如果不想重复那些会妨碍个人幸福的、会破坏联结的言语和行为，就需要一定的勇气。偶尔会遇到真的气到难以忍受的情况，但你要知道，生气本身并不是一件坏事，问题在于控制怒火的方法，如果什么都不管就先生气，便不能理性思考，因此我认为，生气后反而应该先远离现场。

心理学上强调"3分钟"，即至少要远离现场3分钟，才会对平息怒火有帮助。如果处在令人生气的场所，跟刺激自己生气者处于同一个空间，那就很难暂停并专注聆听自己的心，也会越来越怒不可遏。所以离现场越远越好，跑着离开更好。待怒火平息之后，再好好专注聆听自己的心。

我们需要好好思考，该如何在刺激与反应之间的空间内，感受自己的情绪。与其不假思索地对不愉快的情绪做出反应，不如暂停一下，专注聆听自己的心，这么一来就能有弹性地控制情绪反应。

有弹性的反应，是指在行动前能够先暂停的自我控制能力。如果反应不够有弹性，那么在受到愤怒、烦躁、污蔑、羞耻、害怕、不安、委屈等强烈的情绪刺激时，便会不假思索地做出反应。

我们可以学习了解现在感受到的情绪种类，并且让自己暂停下来的技巧。如果和关系不好的同事在同一组工作，情绪便会经常受伤；如果一直单方面忍让，终于在某一刻觉得再也无法忍受而提高音量时，就应该鼓起勇气暂停，好好观察自己的需求。如果能够停下因为不愉快的情绪而自动做出的反应，就能够真正地选择自己想说的话、想做的行为。

当我们能够清楚明确地描述痛苦的情绪时，它就会静止在那一刻。

哲学家斯宾诺莎（Spinoza）在《伦理学》（*Ethics*）中提到，痛苦的情绪涌现时，应试着仔细描述那样的情绪，这是察觉"我脑海中浮现的情绪"的过程，然后必须"选择"言语与行为去控制情绪。情绪控制是"控制因情绪而起的言语和行为"，放任情绪发泄的人，无法获得任何人的共鸣。熟悉人际关系、团体生活技巧的第一阶段，就是学习操控情绪的方法。

情绪是生活经验的产物，试着察觉自己经常感受到的情绪、让自己痛苦的情绪，并以客观的角度观察这些情绪吧！

迟来的拥抱

有一对母女在咨询室里。虽然住在同一个屋檐下,但3年来两人只用短信对话,女儿在10岁之后便没有与母亲肢体接触的印象。因为无法忍受要搭30分钟的车一起来咨询所,所以女儿选择搭公交车,母亲选择搭出租车。我问她们既然相处这么痛苦,是什么契机让她们来预约咨询。

女儿开口说:"我觉得再这样下去会难过到死,爸妈让我受了很大的伤,我想整理这段关系然后离开这里。下周我就要去英国读博士了,家庭关系这么糟,导致我也一直很害怕人际关系,我不想再受伤了。"

"有很多让你心痛的事吗?"我问。

"我爸是个很暴力的人,成长过程中我常常被打。如果因为不想被打而锁房门,他甚至会破坏门锁然后报警。他说:'你就是不被打不会听话,我要让警察好好教训你!'没有人站在我这边。更坏的是我妈,整整30年,她对我的痛苦都袖手旁观。"女儿回答。

母亲只是静静地在一旁流泪。

"你可以用一个词语来表达你对父母的情绪吗?"我再问。女儿盯着桌上的词汇卡看了好一段时间,最后选出了3张。对父亲的情绪是"威胁"与"痛苦",对母亲的情绪是"背叛"。

"爸爸是带给我威胁、让我痛苦的存在,我不可能跟他和解。妈妈从来不曾保护过我,所以我有被背叛的感觉。"女儿说道。

母亲也挑选了对女儿的情绪词汇，分别是"歉疚"与"罪恶感"。接着女儿哭了起来。这次我请她试着从需求卡中选出她的需求。她选择的是"惩罚"与"同理"①，母亲则选了"和解"。

"我希望我爸受罚，妈妈……我不想说。"女儿哭着说。母亲则好不容易开口："请原谅我，我吓到了，我不知道你这样想。妈妈也很怕爸爸火暴的个性，虽然迟了很久，但从现在起我会站在你这边，我会试着理解你的感受，妈妈会努力。"

两人就坐在我对面，像孩子一样大哭了起来。

"两位都很爱对方，希望能好好相处，想要和解，不是吗？只是从来没对彼此说过自己真正的想法，也不能付出行动而已。现在只要鼓起勇气去实践就好，请看着彼此吧！把你真正希望妈妈做的事情说出来。"我鼓励着她们。

"妈……请抱抱我。"睽违20年的拥抱让两人放声大哭，其间不断重复着"对不起、对不起"。

写下来，才能察觉情绪及需求

平时就可以通过书写，试着在刺激与反应之间的空间，察觉自己的情绪与需求，练习选择自己理想的反应（言语和行为）。如果情绪受到刺激，产生负面的感受，左脑的功能会先下降。这

---

①同理，心理学概念，指"设身处地理解""感情移入""共情"，泛指心理换位、将心比心。

时如果能够通过书写刺激左脑，就能更客观地掌握自己的情绪与需求，有助我们选择更好的反应。

请把现在刺激自己的人与状况，当成是帮助自己成长的养分吧！如果能帮助自己好好掌握内心，这样一来，和身边的人相处时也能更自在。但愿你我都能培养出选择自我反应的能力。

①写下自己心中涌现的情绪

例：烦躁、愤怒、郁闷、埋怨。

---

②察觉自我内心真正的需求（欲望）

例：想被尊重，想过得好，想要沟通，想要在不伤害对方的情况下，说出自己真正想要的结果和希望。

---

③选择自己理想的反应（言语和行为）

例：不要因为害怕而逃避，鼓起勇气主动说话，有智慧地拒绝对自己太有压力的请托，自己先主动微笑打招呼。

为什么受伤的总是我？

人们关注心理学的原因很简单。那个人为什么会那样？我的心为什么会这样？这些都是因为想理解对方、想了解自己，进而希望对方能够理解自己的心。一旦理解对方，那么自我受到的伤害也会减少，但理解对方并不是一件容易的事。理解他人最基本的方法，就是"换位思考"。虽然不想承认，但如果去看看那些深深地伤害自己，像仇人一样老死不相往来的人，都是以什么立场在看待事情，肯定会有能理解的地方。**"伤害"其实是源自对一件事极度主观的诠释。**

有些话会让人感觉像心上插了一把刀，血流个不停。在同样的情况下，有些人会说"那个人伤害了我"，但也有些人会说"那个人对我造成伤害"。这两句话虽然是同样的意思，却有着微妙的差异。前者明确指出对方是"有意图的加害者"，自己是"被害者"；后者则保留了些许余地，表示对方可能有，也可能没有伤害自己的意思。这表示因为自己的心很痛苦，所以也可能是由于太敏感而觉得受伤。

过去认为"是他对我造成伤害"的事情，等过了一段时间之后再回头看，经常会发现是因为当时太没自信，当时身体状况不太好，当时家中有一些事而变得敏感、不愿意交流等，甚至有些人在当下因为心里太难受而切断人际关系，后来却后悔、道歉。

有些人甚至在过了一段时间后鼓起勇气问对方，才惊讶地发现对方根本没有伤害自己的意思。我也遇过不记得自己曾说过什么伤害对方的话，但对方觉得受伤的情况。即使对方没有意图、我自己没有意图，但还是会像射出毒箭一样，让彼此的心不停淌血。

这时候，只有真心的道歉才能让对方的伤口愈合，为此我们必须鼓起勇气。但若鼓起勇气表达真心，仍然无法恢复关系，那也没关系，只要想"我们的缘分就到这里吧"，然后结束这段关系。重要的是，鼓起勇气表达自己的真心。如果关系真的结束了，那么自己也已经在关系中尽力，就不需要后悔。即使不是现在，等到时过境迁，对方或许会再度敞开心门。

如果对方来道歉，说是自己太小心眼，你只需要一笑置之。有了这样的经验，我们就能渐渐维持成熟的人际关系。

这无关性别、年龄与职业，每个人都会想要学习"如何在关系中不受伤"。但不受伤是不可能的，**因为在人际关系中，每个人都会受伤**。人们总是会以自己的标准来看待他人，如果不练习从对方的立场来聆听他的话，那自己的心就会变成地狱。受伤也是一样。有些话意外地容易伤害对方，但之所以会受伤，其实是因为用主观观念来"诠释"这番话。

我们需要练习如何宽容地接受彼此给的伤口。恐惧人际关系的人都有一个共通点，那就是总会把一次的失败看得很严重，并套用到所有的情况中。

"我不懂得经营人际关系，再怎么用心经营，迟早有一天还是会结束。我实在对人没有信心，很害怕跟人相处，人际关系真的让人很累。"很多人都会抱持着这种想法并拒绝交流，但其实我们每天都会跟他人相遇、道别，这辈子可能认识上千甚至上万人，但绝不能因为与其中的少数人发生冲突，就认为这是人生中普遍会发生的事情。

人际关系出现问题，其实就如同开车上路发生擦撞，可能是因为对方的过失而擦撞，也可能是因为自己的不注意而撞到前车，或是因为双方的过失导致这次的意外；有时候则是双方驾驶都没有错，但当下就是一定会发生意外的状况，像是天意。而在人际关系中发生的冲突，其实就像这样。我在与因被学校、社会霸凌后产生创伤、害怕社会生活的咨询者谈话时，经常能听到这样的描述："每个人都讨厌我，我总是被霸凌，我不想再受伤了，一个人比较自在。"

在第一份工作中，因为人际关系而饱受煎熬的人，到下一份工作时也常会感到痛苦。"我好像不太适应职场生活，职场上的人际关系总让我感到痛苦。"出了一次意外，之后就会每天出意外吗？会一辈子出意外吗？不是的。过去曾经发生的事情，就只是过去的事件而已。即使发生相同的情况，会感到痛苦大多是因为当事人产生畏缩、想逃跑的念头。

讨厌独自吃饭的人，某天因为太想吃冷面而单独前往冷面店。

虽然他鼓起勇气一个人吃饭，没想到这天的餐点实在太难吃了，于是他想："啊，看来我跟冷面没有缘分，我是不能吃冷面的人，以后不要吃冷面了。"

这间店的冷面不好吃，难道就代表全世界的冷面都很难吃吗？一旦认定自己跟世界上所有的冷面都没有缘分，那就会错过可能吃到美味冷面的机会。明明还有很多机会，只是因为当天运气不好，所以吃到不好吃的餐点罢了。

对于人际关系的恐惧，常来自"偏见"

如果内心产生"或许大家都讨厌我"的不安，那么在人际关系上就会总是战战兢兢。即使别人真的讨厌自己，也不需要因此太难过，只要当成是对方的偏好就好。人生在世，总会遇到几个莫名就是讨厌的对象，因为个性不合，即使彼此没出什么问题，也还是会讨厌对方。

我觉得烧酒很难喝，所以不喝烧酒，甚至不能理解为什么有人会喜欢喝这么难喝的东西。但有天烧酒跑来跟我哭诉："我对你做了什么？你明明很喜欢啤酒啊，为什么要讨厌我？"

这样的"烧酒"有个问题，那就是"他"陷入了"每个人都必须喜欢我"的自恋情绪中。

"原来你不喜欢烧酒啊？我很好喝耶！也有很多人喜欢我更胜啤酒。没关系，讨厌烧酒只是你个人偏好而已。"这样才是健康的思维方式。如果经常在人际关系中受伤，容易对一句话或一个表情过度反应、伤心，那或许是因为没能告别曾经受到的伤害。

请不要把曾经受到的伤害，套用在人生中每一件事情上。

过去的伤害、绝望、缺失所带来的被害意识，会使我们将自己的责任转嫁给他人，会责怪家人、责怪他人、责怪整个世界，万念俱灰。心理学将这种想法定义为"被害者角色"。当事人在每一段关系中都把自己放在被害者的位置，会刻意回避自己的责任，仅从对方身上寻找让自己痛苦与不幸的原因。

只要回想最早遭受挫折的时期，回忆起当时的经验，并具体地重新诠释之后，就能产生新的经验。**我们应该抛开"希望每个人都对我好、对我亲切"的想法，因为这是一种幻想，这样才能避免因自我期待过高而导致受伤的情形发生。**

之所以会有"那个人好像讨厌我""那个人讨厌我怎么办"等恐惧的心情，是因为对"拒绝"有恐惧，这样的恐惧成为不安，不安则会使我们开始看人脸色，进而被这段关系牵着鼻子走。而对这样的关系感到疲惫之后，便会开始拒绝经营人际关系。

仔细观察对人际关系的研究，会发现其实可以总结成："实际上讨厌我的人，比我想象中少。"认识到这个事实非常重要，当心中涌现莫名的不安与恐惧时，请大声地念出上面这句话，这有助于练习"下定决心"摆脱恐惧。

我们虽然会被他人伤害，但也能从他人身上获得疗愈。如果你心中还留下难以忘却的伤痕，如果一想起或面对那个人的脸，就让你心跳加速，整天坐立难安，那就试着与更好的人见面，来填补这份空缺吧！

如果有能理解自己的心、待在一起感到很轻松的对象，那不妨传信息或打电话给对方："我突然想到你，所以才打电话给你，想听听你的声音。你吃饭了吗？过得好吗？"接电话的人会感到非常幸福，也会以幸福的能量回报你。如果能有5个这样的朋友，我们一定能过得更好。跟越多的朋友交流，那些因人际关系中受的伤，就越容易痊愈。

从"经典"中，学习维系关系的智慧

我们常会透过《明心宝鉴》寻找社会生活所要求，与"语言""关系""决心"等有关的智慧。以下是引用《明心宝鉴·正己篇》中紫虚元君的戒谕心文：

> 福生于清俭，德生于卑退。道生于安乐，命生于和畅。患生于多欲，祸生于多贪。过生于轻慢，罪生于不仁。戒眼莫视他非，戒口莫谈他短，戒心莫恣贪嗔，戒身莫随恶伴。无益之言莫妄说，不干己事莫妄为。默默默，无限神仙从此得；饶饶饶，千灾万祸一齐消。忍忍忍，债主冤家从此尽；休休休，盖世功名不自由。尊君王，孝父母，敬尊长，奉有德，别贤愚，恕无识。物顺来而勿拒，物既放而勿追。身未遇而勿望，事已过而勿思。聪明多暗昧，算计失便宜。损人终自失，倚势祸相随。戒之在心，守之在志。为不节而亡家，因不廉而失位。

· 语言——不说非必要的话

我们应该不去看、不去说他人的缺点，非必要的话不说，不要随意评论和自己无关的事。以下节录自《明心宝鉴·言语篇》：

君平曰："口舌者，祸患之门，灭身之斧也。"

灾难与杀身之祸的火种均是"语言"，所以我们不该说出不好的话伤害他人，更不该散播这样的话语。

利人之言，暖如绵丝。伤人之语，利如荆棘。一言半句，重值千金。一语伤人，痛如刀割。

各位会说出有利他人的话吗？还是会说出伤害他人的话呢？我们抛开那些如荆棘、如刀刃一般的话语，多说一些对他人有益的温暖话语吧！

逢人且说三分话，未可全抛一片心。不怕虎生三个口，只恐人怀两样心。

这段话很明确地点出了待人处事之道。对话时为何只能说三成呢？因为我们必须警戒他人可能的双面性格。比起被三头老虎围攻，更令人害怕的是怀有二心，二心就是双面性格。若想确定对方是否是双面性格，那自己就应该少说话，多听对方说话。有些人会轻易相信他人，随意透露自己的内心，若因此传出什么谣言，没看清对方，自己也有错。《明心宝鉴·立教篇》提及：

> 张思叔座右铭曰："凡语必忠信，凡行必笃敬。……常德必固持，然诺必重应。见善如己出，见恶如己病。"

说话时必须谨记诚实、信任、慎重，不能说不负责任的话。如果发现他人的优点，就应该要当成榜样学习；发现他人的缺点时，该做的不是指责与批评，而是看看自己有无同样的缺点。

- 关系——远离愚昧的人

与人来往时要远离愚昧的人，并与贤明的人走得更近。不要怨恨无知的人，要宽大地包容他们。《明心宝鉴·正己篇》所提到的内容，就是整部《明心宝鉴》当中，和言语、关系、决心有关的核心宗旨。

> 邵康节先生曰："闻人之谤未尝怒，闻人之誉未尝喜，闻人言人之恶未尝和，闻人言人之善则就而和之，又从而喜之。故其诗曰：乐见善人，乐闻善事，乐行善意。"

听见别人说他人好话时，我们应该要附和并且感到开心。而面对闲言闲语最好的做法就是忽视，无论是跟自己有关或跟他人有关的都一样。《明心宝鉴·正己篇》中，邵康节先生还说："道吾恶者是吾师，道吾好者是吾贼。"意思是说指出我优点的是我的敌人，直接说出我缺点的才是我的老师。用心跟好人来往、进行良好的对话、表达自己的善意，这样才能结交好的关系。这是适用言语和关系的一段话。《明心宝鉴·戒性篇》提及：

恶人骂善人，善人总不对。善人若还骂，彼此无智慧。不对心清凉，骂者口热沸。正如人唾天，还从己身坠。我若被人骂，佯聋不分说。譬如火烧空，不救自然灭。嗔火亦如是，有物遭他，我心等虚空，听你翻唇舌。

这一段更具体地说明了前文中邵康节先生的那段话。对他人口出恶言的人，最后自己也会受到攻击。当一个人对另一个人谩骂，却没有人理他时，他自然就会停下来。《明心宝鉴·省心篇》说：

疑人莫用，用人莫疑。

•决心——宽大包容无知的人

我们必须时时刻刻秉持这样的心态：不要对过去的事感到后悔，不要寻求侥幸，即使不小心失误，也必须宽容地接纳自己。不要对他人造成困扰，也不要阿谀奉承。在外工作时必须秉持清廉，保护自己的名誉，内心必须时时警戒。《明心宝鉴·安分篇》提及：

滥想徒伤神，妄动反致祸。

这里的重点是"滥想"，意思是说若过度担忧，会对精神造成危害；未经思考的行动，反而会导致更大的问题。

知足常足，终身不辱。知止常止，终身不耻。

只要"知足"且"知止",便能一辈子活得舒心。《明心宝鉴·存心篇》说:

范忠宣公诫子弟曰:"人虽至愚,责人则明。虽有聪明,恕己则昏。尔曹但当以责人之心责己,恕己之心恕人,不患不到圣贤地位也。"

要以责备他人的想法来检视自己,要像包容自己一样宽待他人的错误,这样一来即使无法身居高位,也能活得像圣贤般。如果把值得学习的好人、让自己痛苦的坏人,都当成让自己成长的好榜样,那么每段关系都会是有价值的经验。

如果遇到不停谩骂、空口说白话的人,不妨帮助自己锻炼"内心肌肉";如果遇到具有双面性格的人,可套用前文提到的处世之道;如果必须跟讨厌自己的人在职场共事,那就能学到,如何跟不喜欢的人合作并完成事情的方法。

关系为何令人窒息？

这是一个高三暑假之后就决定不要再交"朋友"，打算独自度过余生的30岁女子的故事。毕业于知名大学，现在是公务员的她，之所以想找我咨询，是因为想和人面对面坐着谈话。

"我有将近10年都是自己一个人，虽然有学校同学、公司同事，但人生中没有朋友。高中时曾有两个好朋友，我们3个总是形影不离。我考上了理想的大学，朋友们的成绩却不怎么好。她们两个突然开始疏远我，把我当成透明人。我不知道该怎么办，又难过又生气……后来甚至感到害怕。最后我鼓起勇气，问她们我到底做错了什么，其中一个人只回'没有'，然后就不说话了。

"另一个人挖苦地说：'不想看你假装自己很了不起的嘴脸。'于是我开始害怕去学校。我没有很得意，也没有假装自己很了不起的样子……总之，感觉好像都是我的错，于是我开始责怪自己'你被讨厌也是活该'。

"我爸爸是职业军人，所以我曾经转学过5次，交朋友对我来说是一个很大的课题，也是让我感到恐惧的事情，我必须让朋友喜欢我。从那之后，我害怕与人来往，开始选择独来独往的生活，这样不仅不用紧张地看他人脸色，也不用害怕被抛弃或犯错，自己一个人比较自在，更不用太执着于人际关系。反正我没有魅力，也不是会让别人有好感的类型，不会有人主动来接近我。偶尔需要别人听我说话时，我会选择进行咨询。"

这位女性在人际关系上经历了很大的创伤，所以认为每个人都讨厌自己，进而选择让自己成为一座孤岛，选择逃离这种要看他人脸色、因恐惧而不安的关系。但因为一个人很孤单，所以想面对面说话时，会特地来到咨询中心。我想，她心中应该还是渴望与他人缔结关系的。

她开始练习找出自己经历的第一个挫折，重播并重新诠释那段回忆。之后，她开始能理解朋友嫉妒、羡慕的心情，同时也找到害怕被疏远而跑得太远、太快的自己，接下来便打算寻回朋友并了解近况，也想说明当年的行为动机。如果她能稍微鼓起勇气，或许就能在人际关系上获得不同的体验。

每个人都不擅长经营"人际关系"

大多数的人都不擅长经营人际关系，都会感到害怕。我们可以将人分成两大类，即"害怕人际关系"的人与"不知道自己害怕人际关系"的人。

害怕人际关系而感到不安、焦虑的人有一些共通点，那就是他们有强烈的完美主义倾向，所以会以严格的标准看待自己与他人。完美主义倾向较强烈的人，擅长理性看待自己的问题，所以不太容易接受建议。

自尊会因为他人的评价而消失，也会因为对评价过度敏感而显得更没自信。经常贬低自我人格与能力的人，不明白自己的才能与能力，总是对"我"这个存在感到不安，因此会依赖他人的评价，进而受评价的影响，引发敏感、受伤及挫折。

根据认知行为理论，**慢性的负面思考会隔绝正向思考**，这时情绪与反应便会从潜意识启动。这类人和别人见面时，会自动以扭曲的想法解释对方的行为，认为自己的认知及反应能力都很差，一味地从负面角度诠释自己，也害怕"犯错"。

请大声地念出下面的句子，这是转变不合理的信念的行为治疗法：

- 我跟你都不完美，当然会犯错。
- "犯错"是让我成长的机会。
- 要冷静地看待当下的状况，并从正面的角度解读。
- "新挑战"是让我成长的绝佳机会。

【第一阶段】找到自己的能力

认知行为治疗的第一步就是相信自己有能力。在这个阶段，我们会慢慢不再想："我为什么老是这样？"因为贬低自我时，也会使他人贬低自己，但人们往往容易不知不觉地"贬低自我"。之所以会有这种情况发生，是因为情绪与反应不是"有意识"的行为，而是来自"无意识"或"潜意识"。

请试着不和他人比较，只专注在"擅长的事情"上，并每天写下关于自己的 5 个优点。就像称赞孩子一样，即使是一个小优点也要找出来，挑战一些能轻松完成的事情，并且给挑战成功的自己一些奖赏。

【第二阶段】找出让自尊低落的原因

是因为何时发生的事，让我开始自尊低落、害怕人际关系？请试着问问自己，过去因某事件造成的创伤，是否仍会对现在产生影响。如果过去的伤害的确会自动影响现在的自己，那就必须切断这个循环。每当情绪自动涌现时，请阅读下面的句子：

- 现在我感受到的不愉快，是过去经验自动引发的情绪。
- 过去的事已经过去了。
- 培养客观看待"现在"的能力。

阅读本书时，请在对自己有帮助的句子下画线并大声念出来，这种"心理上的决心"能帮助摆脱恐惧。让我们试着写下来并实践吧！如下：

①我从未发现的"个人能力"有哪些？

例：我很擅长听别人说话、不太生气，也懂得让步。

_____

②过去在哪个事件中，让我没自信及自尊低落？

例：长大过程中被拿来跟兄弟姊妹比较、职场上受委屈等。

_____

对人际关系产生倦怠时，该怎么做？

在社会上生活久了，人都会陷入倦怠期。工作自然是不用说，甚至也会对人际关系心生厌倦、怀疑。一旦对这种消耗彼此的关系感到疲惫，陷入倦怠期，就会成为"主动型边缘人""独行侠"，选择减少消耗感情、浪费时间，只享受一个人的悠闲。这样的人与其说是受伤害，不如说是罹患"人际关系晕眩症"。

大多数的人都会同时感受到筋疲力尽及倦怠，原因非常多，像是对日复一日的业务感到厌烦，因职场上的人际关系压力感到痛苦，因持续加班而疲惫。一想到上班就觉得心情沉重，比起认真处理工作，更希望快点下班，情绪起伏剧烈、无法专注工作等。

尤其"人际关系超出负荷"的人，更容易产生倦怠，必须发挥个人智慧，好好管理、维护与工作相关的人际关系。如果内心感到痛苦却置之不理，很容易让自己越来越忧郁，进而陷入什么事也做不了的状态。

工作时要尽力让"工作"顺利进行，下班后则必须确保拥有"专属于自我的充电时间"。下班之后不能再被那些"让自己困扰的人际关系"缠住。必须区分公司同事与生活中的朋友，**如果同事中并没有值得当朋友的人，那就让这段关系也一起下班吧**。当对方无法帮助自己充电、提升自尊时，就该大胆拉开距离。

"我喜欢独处，在公司也是一个人吃饭，感觉比较轻松，这样自然不会想参加聚餐。大家总会问我是不是有什么事，这真的让我觉得很困扰。光想到必须和别人对话、很多人聚会的场合，就让我觉得疲惫。"这是一名来找我咨询的上班族的真实故事。

如果连午餐时间和同事一起吃饭都嫌累，那的确需要紧急处方，一味逃避并不是最好的方法。总是一个人用餐，反而会引起别人关注，倒不如和其他人一起吃饭，偶尔点头附和对方的发言就好。因为人们都喜欢别人聆听自己说话。不要烦恼"我是不是也该说些话",只要不烦恼这件事,就能减轻不少压力。

若是不想去聚餐,光想到就觉得有压力,那也不要一味逃避,应该鼓起勇气坦白:

"最近我心情不太好,身体状况也不好,虽然也想跟大家聊一些有趣的事,不过今天还是先不要了。真的好可惜,如果聚餐时聊到和工作相关的重要事情,请明天再跟我说吧,谢谢。"

只要确保有独处休息的时间,那就别忘记帮自己充电。看电影或连续剧,制作美味的料理,尽情享受"独处的时间",这样才会产生跟别人见面的想法。

正经历倦怠期的人,也需要和"能让自己敞开心胸说话"的人见面。跟好朋友见面,能帮助我们抒发因人际关系而引起的压力。无论是用电话或短信,只要和真心理解自己并能放心说话的朋友尽情聊天,就能帮助释放压力。

别老是想当好人

38岁的罗善海小姐已经踏入职场15年,她和母亲两人一起生活。姐姐、哥哥都已经结婚、买房子,还生了孩子,生活过得很好。但因为兄姐都要还贷款,老是以"总有一天"会给孝亲费为由,所以母亲的住院费、零用钱、生活费,都是以善海小姐的信用卡支付。她在因缘际会之下成为一家之主,这些事情如今看来也都理所当然。对母亲来说,"还管得动的孩子"就只剩下这个一起生活的女儿。这位善良的母亲面对偶尔露面的长子和长女,都不敢多说什么。两人就算只拿一些钱回家,这位母亲也会把整个冰箱里的食材全部做成小菜送出去,同时还会说:"谢谢,下次人回来就好,我不需要这些钱,孩子们应该更需要用钱……"兄姐虽然对母亲感到抱歉,但仍若无其事地使用善海小姐的信用卡支付所有费用。只因为老幺单身,因为住在一起,因为很乖,因为听话……善海小姐一直以来都对此没有什么不满,毕竟个性善良就是好人,懂得牺牲就是善良的孩子,不用明说也能理解家人。善海小姐之所以会爆发,是因为母亲伤到腰,她必须独自负责照顾,兄姐说相信"善良的善海"会好好照顾母亲,所以只通过电话询问状况。"我真的累了,哥和姐也应该出住院费,并帮忙照顾妈妈，我受不了了！我要搬出去！"善海大吼着。

一直当好人，反而容易得忧郁症

每个人都会得忧郁症吗？如果真的跟忧郁症患者见面，你就会发现他们大多都不是很暴躁的人，而是无法把心里的话告诉亲友，让自己感到十分煎熬的人。不安、忧郁、委屈、愤怒等负面情绪无法释放，全部累积在心里，最后成了脓包，让身体也跟着生病。

我们偶尔能看见独自做出太多牺牲的乖孩子，某天突然情绪爆发并跟家人切断关系。这是因为善良的人当太久了，心里就会生病，进而想切断关系。即使是家人，也应该保持适当距离。长期让一个人独自牺牲，久了也会演变成愤怒。无论是心灵还是物质，持续奉献只会使人开始埋怨家庭。**事实上，应该要先照顾自己，才能产生照顾家庭的力量，这不是自私，而是一种智慧。**

职场也是一样。别再想成为好人了，请先检视自己是否只有亲切，却没有自我吧！若不懂得拒绝，什么都帮忙，很容易被当成好欺负的人。无论在什么环境下，都会有把事情推给别人，不好好做事，只会造成他人困扰的人存在。

有些人因为不好意思拒绝前辈的请求，便帮忙加班完成工作，没想到对方竟然厚着脸皮，不断把工作推出去。一旦有人用"很愿意帮别人"形容你时，那么其他人也会开始把工作推给你。忍两次、三次，其他人也会理所当然地叫你帮忙。你赢得了好人、善良、亲切的名声,但心里很煎熬,感觉自己就像消耗品一样非常不愉快,却无法拒绝对方,于是每天都堆满了同事要你帮忙的工作。

在职场上没有可抱怨的对象,害怕一不小心吐露自己的不满,会被别人形容成表里不一。内心愤怒不已,甚至不想上班,也因为不懂得拒绝,导致遍体鳞伤,只好来到咨询中心吐露心声。

"我好像得了忧郁症。"如果一直忍耐,对方就会认为"那个人原本就很听话",等到哪天下定决心要果断拒绝时,有些人反而会不满地认为"为什么拒绝我的请求"。因此,若想保护自己,那就必须练习拒绝的技巧,偶尔也要坦率地表达个人情绪。既然事情的起因是对方把自己该做的工作推给别人,那么就算拒绝帮忙也不会被骂。只要不是自己该负责的事,那就应该鼓起勇气,有智慧地拒绝。

请抛开"我想在公司当好人"的想法吧!

无知的人才会伤害别人

无知者并非不学无术，而是不了解自我。即使他们能称作懂得学习之人，却执着于书本和知识，或深信、依赖权威者将会理解自己，那么他们便只能是愚昧之人。理解是了解自我心理运作的完整过程，即透彻地认识自我。故真正的教育，其实就是了解自我。

——节录自克里希那穆提（Krishnamurti），
《克里希那穆提谈教育》

虽然在生活中，我们必须随时省察自己是什么样的人，但经常没有余裕做到。很多人常说，过了40岁就要为自己的长相负责，但该负责的怎么会只有长相呢？对于知识、言语和行为、礼节、个性及自己，我们都必须负起责任。我们身边常有两种类型的人，一种是对自己过于自信，另一种则是虽然身为专家，却对自己的判断和知识没有信心。前者是半瓶水响叮当，后者则矢口否认自己学识渊博；通常前者说话会比较大声。在职场上，通常很快能知道对方属于哪一种类型的人。有些人即使知识和创意不足，仍对自己的想法与主张极有自信；有些人则具备必要的知识与经验，却因为对个人主张缺乏信心而退缩，或被前者牵着鼻子走。

只要私下讨论过，就能立刻分辨这两种类型。通常对整体状况不清楚者，说话会比较大声、有自信。即使做出错误的决定，也会因为能力不足而无法认知这是个人的失误，这种现象称为"邓宁–克鲁格效应"（Dunning-Kruger Effect）。

这些人自然也不会感到羞愧，因为他们没有足够能力意识到自己的无能。

1999年，时任康奈尔大学社会心理系教授的大卫·邓宁（David Dunning）与贾斯廷·克鲁格（Justin Kruger），以康奈尔大学部的学生为对象，进行测试幽默、逻辑推理与文法能力的研究。他们要求参加者在观看测试结果之前，写下自己预估的个人得分。结果非常有趣：成绩越差的人，预测自己的排名就越高；成绩越高的人，则预测的排名越低。

人越无知，则越有自信。达尔文与伯特兰·罗素（Bertrand Russell）分别说过："无知比知识更能让人产生自信。""我们这个时代让人困扰的事之一是，那些对事确信无疑的人其实很蠢，而那些富有想象力和理解力的人却总是怀疑和优柔寡断。"

如果想警惕自己，不要无知地误会自己很有能力，那就应该少说话多学习。不过我已经看过太多总是埋头学习、研究，并认为"我还不够好，别人比我更有能力"，对自己评价过低的案例。因为无知而勇敢的人，当然会对身边的人造成困扰，但认为自己没有能力而退缩的人，同样也无法提供大众应得的知识，这不也是造成他人困扰吗？

有能力却过度谨慎的人，会因为无法做出重要的选择而蒙受损失。做出选择后，成功与失败的比率是5∶5，但若不选择，成功的概率就是零。

《论语·为政》写道："学而不思则罔，思而不学则殆。"这句话的意思是说，只读书不深入思考，即便不清楚个中道理，也会误以为自己已透彻理解；只思考却不读书，无法做出好的判断，可能会做出有风险的决定。深入思考才能让知识彻底内化，成为个人的资产。

孔子强调，学习不是为了向他人宣传自己，而是为了自己。若以这样的姿态学习，则不需要在他人面前装懂，假装自己很优秀，更不会因为他人不明白自己的能力而埋怨。

《论语·卫灵公》写道："君子病无能焉，不病人之不己知也。"对事情一知半解却自信十足，无法认知到个人缺失的人，会对他人造成危害；但过度谨慎，无法做出正确判断，也同样会对他人造成困扰。如果对特定领域有兴趣，那就静静地学习并深入思考，将资讯彻底变成个人的知识，在需要判断时，才能慎重且果决地执行。

面对无知的人，不要在他的怒气上火上浇油

无知者都常是不了解自己的人。我们心中随时都会有负面情绪，如果无法好好控制情绪，人际关系就会出问题。情绪是什么、为什么会产生这样的情绪、想要什么、如何控制及表达情绪，在

了解上述问题的过程中,其实也是在了解自己。

懂得控制负面情绪,就能成为情绪的主人。学习心理学并运用在生活中,就能进一步了解自己。若不了解自己的情绪及需求,又胡乱发泄在他人身上,便容易伤害到对方。我称这种状态为"情绪阅读障碍",因为这些人不知道该如何处理负面情绪,该如何镇定自己的心。常生气的人会辩解,认为是对方先让自己生气,**但其实情绪的主体是自己,即使他人给予刺激,要如何反应却是自我的选择。**事实上,人们常不知道自己会像动物般本能地做出反应。

无法忍住怒火的人,有哪些特征呢?

- 因为有"想变强"的刻板印象,所以内心变脆弱时,会用生气掩饰情绪。
- 以生气表达不安、忧郁。
- 习惯启动不成熟的防御机制。
- 习得养育者的情绪处理方式。
- 意图以愤怒支配他人。
- 自尊低落,认为对方小看自己。

其中,意图以愤怒支配他人的人最卑劣。在力量比自己强大的人面前不吭一声、只能忍耐,让对方感到十分无力。这样的人会挑选比自己弱小、内心脆弱的人来发泄怒火,勃然大怒的同时,让对方了解"我一点也不软弱",进而支配对方。若养育者以这种方式表现怒火或教育子女,会对孩子造成很深的影响。

万一父亲是这种类型的人,那么儿子便有很高的概率学会父亲处理情绪的方式，女儿则会对男人抱持负面认知。若上司和父亲拥有相同的情绪处理方式，当事人也会对上司持有敌对态度，或在面对一些小状况时感到不安、发抖。若母亲经常发怒，也会产生相同的状况。

若从小就是养育者的情绪垃圾桶，经历情绪虐待，长大后内心容易因为他人的批评而受重伤，也会做出过度敏感的反应。甚至可能不擅于调节愤怒，发展成"阵发性暴怒疾患"。面对常生气的人，**最好的方法是退一步，并以冷静的口吻和理性的态度回应**。若以忽视的口吻说话或做出火上加油的行为，只会使情况变得更差。建议维持客观的立场，在情绪上保持距离。佛经里有这样一段话："想对他人发泄怒火，无异于手中紧握着烧烫的煤炭，最终会在自己身上留下烧伤的痕迹。"那些无法忍住怒火的人，手中握着烧烫的煤炭并四处巡视，虎视眈眈地想把怒火扔到别人身上。也就是说，他们已经被自己的情绪烧伤了。了解自己的心理状态及情绪表达方式，就是了解自己的过程，我们都应该努力成为理解自我情绪之人。

不要把同事当朋友

同事不是朋友,是为了工作而努力的同伴

若无法区分同事与朋友,在职场上的人际关系就会令人心力交瘁。同事之间的共情、交流能力越高,工作的成果就会越好。不过,团队合作和友情不同,如果尝试和同事成为朋友,累积友情,产生私下的心理联结,反而会对工作造成阻碍。"同事无法成为朋友"这句话,并不是要你别对同事产生深入的共鸣,而是将重点放在工作上的合作关系,致力于建立有智慧的人际关系。

"如果我只是为了协助而提供建议,但同事看起来很不高兴,或是感到气馁,进而影响我怎么办?"

"如果我随便插嘴,最后变成我要跟他一起做怎么办?"

"如果不得不跟曾经很要好,现在却避不见面的同事一起进行小组企划,怎么办?"

"如果原本会用'喂''你'这些比较亲昵的称呼叫我,下班后常形影不离的同事,升迁后成了我的上司,把我当下属对待,该怎么办?"

"如果我们原本是同期进公司的好朋友，现在却成了仇人怎么办？"

"我把我的秘密都告诉他了，但现在我们的关系变差，在职场上遇到彼此都会觉得很尴尬，该怎么办？"

我们每天与同事相处的时间可能超过家人，如果做不到"有智慧地保持距离"，就可能在职场的人际关系中经历地狱般的煎熬。同事不是朋友，而是"为了工作而努力的同伴"。

让我们一起来做区分同事与朋友的练习吧！这时该做的不是喊着"我们又不是外人"，然后彼此称兄道弟，而是要谨记彼此是为了组织成果而合作的关系。同事并不是家人，而是别人。当彼此建立紧密的关系时，就会提高期待值，也会发生单方面对他好，之后自己却受伤的状况，进而影响工作进度，大量消耗情绪。因此，如果能自如面对那些让自己痛苦、不自在的同事，在职场上的人际关系就会更轻松。

如何对待"自尊感"较低的后辈？

无论在家还是公司，都有容易闹别扭的人。我最近和一位朋友见面，他想培养同一组的后辈，所以提供给对方许多工作上的建议，但后辈聆听时从不好好看着他的眼睛，对他说的话也毫无反应、意志消沉，让他很慌张。容易闹别扭的人会错过听取好建议的机会，在组织里也较不容易成长。

因为那位后辈没有足够的能力以正面的态度接纳真心想要帮助他的人，所以朋友才会很痛苦。我建议朋友平时可以多称赞他。如果一开始就说担心、想帮忙或教导他的话，有些人会觉得这是一种责备，变得意志消沉、无法发挥工作能力，反而更容易犯错。

这类型的人在成长过程中都有相同经验，即努力取得许多成就，但真心认同并称赞的人却不多。他们对自己的能力很有信心，但若成果或努力无法获得认可，就会把那些好心的建议当成是对个人能力的"指责"，进而产生挫败感。也可能是因为太过自满，无法承认自己的能力不足，所以才会感到痛苦；内心强烈地希望"比别人做得更好"，也会令自己感到痛苦。

若能接受自己原本的样子，就会懂得感激地接纳他人出于善意的建议。野心不高的人不会拿他人与自己比较，也不会感觉自己低人一等，因为不需要成为最好，不会在意他人如何评价自己。他们因满意自己的能力，而培养出健康的自尊。能自信地在自己与他人面前展现最真实的一面，才是真正的"自爱"。自尊高的人和自尊低的人合作，都会想把事情做好。自尊低的人会不断与他人比较，感觉自己低人一等，进而责备自己。他们会责怪不能有更好的表现从而赢取他人称赞的自己，所以，请用怜悯的态度看待这样的后辈。

若想提高对方的自尊，就应该找出他们隐藏的能力。 不妨试着找出后辈的专长，并真心称赞。**必须提供建议或忠告时，则务必先称赞他的优点**，再以"如果能改善这一点，就能有更大的成长"来鼓励他们。

该如何面对总是口不择言的人？

我经常为知名电视人、运动选手等提供咨询服务，他们的内心更容易受他人的关注和话语的影响。因为他们知道即使自己已经入睡，网络上还是会有一些不认识的人在讨论自己。醒着的时候，与人面对面对话的每一分每一秒，都是"经营关系的时间"。人们都希望只听自己想听的话，但世上没有一个人能够做到这点，没有一个人能够完全躲过来自四面八方的子弹。

每个人面对这些事情的方法都不一样，有些人会接受这些子弹，并倒地流血哭泣；有些人虽被子弹射中，却会立刻将子弹拔出并丢进垃圾桶里，再给自己消毒、上药；有些人穿上能够挡住子弹的坚固防弹衣，即使子弹向自己飞来也丝毫不会受伤。最可怜的人则是将射歪的子弹捡起来，插进自己的心脏，让自己痛到哭出来，还一边难过地高喊："为什么要这样对我？为什么我总是遇到这种事？"

如果想好好面对上述情况，就该先了解口无遮拦者的想法。这些人认为自己低人一等，有严重的被害意识。没有自尊的人会不断拿自己与他人比较，并被挫折及矮人一截的感觉吞没。一般来说，必须将这些感受转换为自我成长的能量，才能让自己进步，但这些人任凭这些感受不断加深，进而展现出对他人的攻击性。他们会嫉妒身边比自己优秀的人，会谈论对方的八卦，散播谣言，这些都是为了将对方拉下来，让自己至少能短暂地赢过对方。

这些人会因为想辱骂他人，因而像饥肠辘辘的野兽一样，不断物色下一个猎物，这时最容易成为目标的就是艺人或名人了。这些人会在社群平台发布谣言、捏造事实，甚至会随心所欲地谩骂。

之前某位女艺人因受不了恶意留言的骚扰而选择轻生之后，一位记者访问了曾经以恶意留言辱骂该艺人的网友，问他们为什么要这么做。结果这些人大多回答："不记得了。"甚至大言不惭地说："大家都在骂，我也只是跟着骂，为什么只有我被挞伐！"甚至还有做贼的喊抓贼，批评受害者："如果是艺人，就该承受这些恶意留言吧！"当一个人口无遮拦地用言语伤害他人，表示他的灵魂生病了。他会用自己的想法及感受对事物做出判断，也会把别人捏造的事情当真，不确认真伪就到处乱传。他不会有罪恶感，甚至不懂得反省，只会不断辩解。当遭受他人的公开批评时，不妨用下列 5 种方法来应对：

- 彻底不回应。
- 不要跟对方吵架。
- 不要劝谏对方。
- 不要尝试让对方了解自己。
- 不要听也不要看。

惯性诽谤他人者，就像习惯性将厨余丢到别人家门口一样，那些只为伤害他人而说出口的话就是"垃圾"，甚至是垃圾中最臭、最腐坏的厨余。他们抱持着"谁被我抓到谁倒霉"的心态，带着腐坏的厨余,虎视眈眈地寻找猎物,这样的人就连灵魂都散发着腐坏垃圾的气味。

不要附和他人的闲言闲语

无论是谁,听到跟自己有关的谣言时都会受伤,会因为不合理的想法而产生情绪。

"那个人为什么要做这种事?"
"为什么要这样说我?"
"我做错什么了?"
"我为什么要受这种批评?"

请大家不要再问"为什么"了,因为那些人只是想骂人而已,并不只是针对你,而是在任何情况下都会挑剔缺点,捏造令人气结的谣言。这些都是因为他们的大脑运作方式和其他人不同。问"为什么"只会让自己更痛苦、更受伤。请停止这些不合理的想法,用合理的思考来对待情绪,这样才能做出不会危害个人幸福的行为。我们将这种方法称为"合理的情绪行为治疗",让我们一起来练习这样的思考方式:"**虽然真的很不高兴,但实在没必要太认真看待,无视并冷处理才是最好的方法。**你真是个灵魂生病的可怜人!我不会把自己的幸福拱手让给你,你丢过来的垃圾我才不收!你制造出来的垃圾还是自己带走吧!"

《明心宝鉴》中写道：

> 耳不闻人之非，目不视人之短，口不言人之过，庶几君子。欲量他人，先须自量。伤人之语，还是自伤。含血喷人，先污自口。

不要附和他人的闲言碎语，也不要表示好奇。光是听他们所说的话，就会被当成是同类型的人。同时，自己也不该散播他人的谣言或传闻，若因此让对方心痛，那么自己也会付出代价。

人会改变，关系也会成长

很多人都说"人不会改变"，但我不相信这句话，因为我看过很多人在努力后，往好的方向改变。心理学上针对"人是否会改变"做过许多研究，甚至还有一个有趣的研究指出，认定人不会改变者，比较容易生气。他们长期在人际关系中受伤，并认定关系中常会发生冲突，所以较不容易克服伤害。于是当关系稍微疏远时，他们就会抢先逃跑，并一直记得这个伤害，甚至不想从伤害中复原。

心理学家建议他们改变这样的想法。"人类有极大的可能性，会往好的方向改变。"切断的关系能够恢复，并借由恢复再次成长，让自己和对方都能获得成长的可能性。相信人的个性与能力会随着努力而改变的这种情况称为"增进理论"，相信增进理论的人，在工作或人际关系上，都能取得更好的成果。

你可以试着回想已经结束的关系，可能关于朋友、恋人或家人。肯定有一些关系结束得太过草率，所以一直留在心里，一想起来就令人浑身不自在。你或许会想"因为我们都不会改变，所以肯定会再次起冲突、争吵"，但还是建议各位抱持"人能往好的方向改变"的信念，鼓起勇气主动靠近对方，对方很可能是因为缺乏勇气，才没有主动联络。

"是我对不起你，谢谢你主动跟我联络。"说不定对方会这样说。所以希望大家都能相信自己，抱持"关系会成长"的态度去恢复一段关系。

误会与理解，往往只有一线之隔

我们需要好好思考误会与理解的差别。我误会对方、对方误会我，进而导致彼此受伤，是经常在恋人与家人间发生的事。

要彻底理解一个人并不容易，但解开误会、理解对方时，关系就会变得更紧密。误会也是理解的一部分，是最以自我为中心的理解方式，所以会导致沟通出问题。**不要只关注自己的想法，请试着站在对方的立场思考**，这就是从误会发展成理解的微小差异。

每个人都有被误会的经验，当时会难过、委屈，并生气地想："为什么这么不相信我？"没错，**越不信任对方，就越容易产生误会**。比起理解，这世上充斥着更多的误会。虽然觉得整个世界都误会了自己，但请不要因误会而愤怒，当有人能理解自己时，则应该感谢对方，这样才能保有健康的心态。

误会也并不只是令人委屈、不快的事情。了解该如何让误会变成理解，心里就会舒服许多。累积信任需要很长时间，所以从误会转变为理解的过程，需要耐心等待。我们只需静静地走在该走的路上就好。

精神分析学家弗洛伊德曾经也常被误会，他被奥地利维也纳的医学圈嘲笑是"奇怪的人"。当他主张"性欲说"时，人们就说他是"脑中只有性的人"，但若弗洛伊德因此中止研究，精神分析学就无法继续发展了。

波德莱尔（Baudelaire）在《我心赤裸》（*Extrait de Mon cœur mis à nu*）中写着："世界凭借着误会运作。"

法顶禅师也曾说过："有人吹捧我时，我不需骄傲自满；有人诽谤我时，我也不需愤慨。一切起因于单方面着急判断所发生的误解。而误解不就是理解的前一个阶段吗？问题取决于我现在过着什么样的生活。真实存在于言语之外，真理不会因他人的言语动摇。透彻的理解并不来自任何一种观念，仅能通过智慧之眼的察觉。在此之前，人人都是误会。"

不需因为他人误会自己而生气，若在委屈、激动的状态下尝试对话，只会陷入无限循环，反而让对方觉得自己在辩解。请鼓起勇气，沉着且迅速地说："很遗憾让你产生误会，能给我 5 分钟的时间吗？谢谢你愿意听我的真实心声。"

最好不要先说："如果让你误会了，那先说一声抱歉。"因为听在对方耳里可能会是："误会是你的问题。"**当对方已经选择误会而非理解，那么在听你说话时就会偏向误会。**如果是应该道歉的状况，那道歉的方法就非常重要。

心理学家盖瑞•查普曼（Gary Chapman）博士建议使用下列 5 种"道歉的方法"：

- 表达遗憾之意——"对不起。"

- 承担责任——"是我不对。"
- 补偿——"该怎么做比较好？"
- 真诚的口气——"绝对不会再犯了。"
- 请求原谅——"能请你原谅我吗？"

真心道歉时，人际关系总会发生奇迹，要结束的关系会恢复，可能敌对的关系也会倾向自己这边。如果你想道歉，却又无法鼓起勇气，或是不知该不该道歉，一直拖延而没有处理，不如现在鼓起勇气吧！试着使用上述的道歉法写一篇文章，只要能写成文章，说出来就容易多了。

若能实践这5点，接下来就不该催促对方"原谅"，而是应该静静等待。若自己的真心已传达，对方很有可能也会感到抱歉，并主动来和自己说话。你的真心其实比对方的误会更强大，误会无法战胜真心。如果对方说"那是误会"，希望解开彼此间的心结时，就该聆听、询问并提供机会，了解对方的想法后，就会开始懂得爱对方。当一个人说出自己的真心，另一方就会想接受，这就是人的本性。从误会到理解，再从理解到和解，这就是沟通的进化，也是关系的成长。**不了解就容易误会；了解则容易相爱。**

如何结交朋友，建立好关系？

如果希望人生过得更幸福，应该有几个朋友？年纪越大，对朋友的标准便越严格，很多人甚至会烦恼自己为什么没有至交。

心理学家认为，人生在世需要5个能掏心掏肺的朋友，及五六个有共同兴趣能交流的朋友。跟喜欢的人待在一起，会比独处更让人开心。因为和他人产生联系的同时，我们能够飞向一个全新的世界。

但要找到5个能掏心掏肺的朋友何其容易？我自己都还没找满5个，要列出有共同兴趣的五六个朋友也很困难。我认为，人生是结交好朋友的过程，无论年龄、性别、国籍、学历、职业。认真读书的朋友；善于倾听并设身处地理解他人的朋友；具备专业知识又善于解决问题的朋友；爱好运动并总是邀请我一起运动的朋友；善于号召众人且会召集聚会，希望大家能一起追求幸福的朋友；懂得分享以帮助世界的朋友；等等。无论是哪一种类型，只要能结交值得学习的朋友，就是这段关系带来的祝福。

如果一个月检视一次自己的朋友关系，就能得知自己和这些人是如何认识、如何一起成长。观察身边的朋友，就能看见自己的现在与未来。请各位试着检查手机里储存的电话号码，有几个人称得上是"朋友"吧！

越是对自己严格的人，对关系就越发恐惧，也更无法靠近人群。他们并不是讨厌跟人相处，而是除了与人来往的乐趣之外还有更多担忧："如果彼此不合怎么办？要是犯错怎么办？会不会太消耗感情了？我不想受伤……"这样担心到最后，跟人交往就会变成一种压力。

与人交往必须敞开心胸才能产生联结，**对自己越严格的人，对自我的评价就越低**，更会害怕他人对自己有负面的评价。美国得克萨斯大学（University of Texas）的心理学家克里斯廷·内夫（Kristin Neff）和荷兰拉德堡德大学（Radboud University Nijmegen）的心理学家卢斯·芬克（Luce Funke）曾通过共同研究，发现比起提升自尊，更重要的是不要批评自己，应该对自己更加宽容。学习如何理解自己，犯错时应该以亲切与宽容的态度，取代指责、羞愧的情绪。

"自我怜悯"是缔结关系时不可或缺的感受，我们应该实践对自己更加宽容的自我怜悯、自我慈悲，让与自己亲近的人也能与他人过得更好。现在来看看，该如何结交能帮助彼此成长的朋友，建立有智慧的人际网络吧！

如何扩大朋友圈、结交新关系？

结交多元且崭新的关系，是一种对未来的投资。我们常会说

"累积人脉"，如果观察重视"人脉"的人，就能学会适当的方法，进入经济能力与社会地位都对自己有益的人际网络中。不过那不应该是以自我为中心的人际网络，而是必须彼此帮助的环境，自己应该先成为能够在某些方面提供协助的人，这样主动接近他人时，才能形成人脉。

第一，跟认识的人维持关系

关系不再只局限在认识很久、很亲近的人身上，而是要将朋友的朋友、以前职场的前辈等联结，都看成是重要的人脉，偶尔主动和对方联系。开心地向对方问好，倾听对方的故事，这些都是能掌握新信息、获得意外好机会的重要联结。

"因为担心会影响到工作，不会跟对方有太多私下的互动，毕竟情感上的消耗可能会给工作带来困扰。"我遇到很多会说这种话的上班族，也有不少以此为主题的研究。罗格斯大学（Rutgers University）的杰西卡·麦托特（Jessica Matod）就曾经研究公司内部形成的人际关系会如何影响工作成果或使人心力交瘁。这个实验是在人际关系能有助于打造良好工作环境的假设下进行，实验结果显示，**跟同事有良好人际关系的员工，工作的成效的确比较好。**

当然，产生冲突时，工作成效就会因情绪的消耗而降低。在职场内，要维持深入、广泛的人际关系的确可能是件难事。避免和会对自我情绪带来负面影响的同事累积个人交情，尽量多和能带给自己正面影响的同事维持简单的关系，对彼此都有帮助。

越是扩张"朋友"这个概念，联结的幅度就会越大，获得机会的可能性也越高。抱着创造微弱联结的开放心态拓展交友圈，帮助自己成长的人脉网络就会跟着变大。

第二，主动联络，将联结扩大

试着写下你想持续联结的对象的名字，像是对关注的领域很有见解的人、经验较多的人，都摆在优先的位置。通电话比发短信好，见面则比通电话更好。主动联络并不是一件容易的事，你很可能会担心，害怕对方不欢迎自己，但请鼓起勇气吧！从用短信问候对方开始也好，一旦成功约定见面，就贴心地邀请对方决定时间地点。对话过程中，有70%的时间要用于倾听、同理，剩下的30%用于提问，说自己的事。

不要把目的定为获得对方的帮助，而是要倾听对方的话，将目的定为更了解对方，若对方也倾听自己的故事，那么这段关系就能维系下去。

第三，定期参与有共同目标的聚会

和自己有同样的兴趣、追求相同目标的人定期聚会，都会形成强大的联结。如果聚会的成员能定期一起参与让所有人共同成长的活动，那再好不过。读书会、运动社团等皆可。试着与他人联结，就能获得意想不到的好机会。

任何一种关系都需要"刻意练习"

20世纪90年代末期,哈佛大学教授兼医学博士尼古拉斯·A.克里斯塔基斯(Nicholas A. Christakis)曾目睹夫妻其中一人罹患重病,另一半的健康也变得岌岌可危。当时正在进行相关研究的克里斯塔基斯思考:若夫妻之间会对彼此的健康造成如此巨大的影响,那么朋友之间会不会有影响?于是他便邀请当时正在进行人际网络研究,任职于加州大学圣地亚哥校区的詹姆斯·福勒(James Fowler)共同进行研究。

美国马萨诸塞州一座叫作弗雷明汉(Framingham)的城市,从1984年起便以超过5000名居民为对象,进行定期的身体检查与访谈。这是一个名叫"弗雷明汉心脏研究"的巨大计划,为了研究心脏疾病,不仅针对受试者本人进行访谈,也访问受试者的家人、朋友,建立了庞大的数据库,并成为许多社会关系研究的模块。

某天,克里斯塔基斯博士查阅这份庞大的资料时,发现"肥胖会传染给家人和朋友"这个有趣且惊人的事实。

- 我的朋友要是变胖,2—4年后,我的体重增加的可能性会提升45%。

- 我朋友的朋友要是变胖，我的体重增加的可能性就会提升 2%。
- 我朋友的朋友的朋友要是变胖，我的体重增加的可能性就会提升 1%。

"朋友的朋友"很可能是知道名字但没见过的人，"朋友的朋友的朋友"则可能是连名字都不知道的对象，但这竟然会对自己的体重造成影响。研究人员将此效果称为"三阶段影响法则"，在三阶段的距离内，也就是朋友（第一阶段）、朋友的朋友（第二阶段）、朋友的朋友的朋友（第三阶段），都会对自己造成直接的影响，我们也会在三阶段的距离内对身边的人带来影响。

先暂且将我的朋友称为 A，朋友的朋友称为 B，朋友的朋友的朋友称为 C。当 C 肥胖时，就会影响到 B 对肥胖的认识，使 B 产生"跟 C 相比我并不胖"，或是"跟 C 相比我算瘦了"等想法，而 B 的认知则会对 A 造成影响，身为我朋友的 A 则会对我造成影响。

从结论来看，朋友肥胖或朋友的朋友肥胖，会改变人们对肥胖的认知，进而改变饮食习惯与相关的行为。就像越是经常见面的朋友，饮食习惯就会越相似一样，肥胖不仅会对朋友造成影响，甚至会对"朋友的朋友的朋友"这种素昧平生的人，带来微妙的影响。我对这篇论文感同身受。最近常跟我见面的朋友身材非常丰满，我们两周见一次面，每次见面都会大吃、大聊。我的体重维持在 50 千克出头，但 6 个月后创下史上最重纪录。每当朋友跟我说"你很瘦，多吃一点，你有胖的空间，你一点都没胖啊，再多吃一点啦，吃吧！"的时候，我都会因为相信她而继续吃，所以才造成这个结果。跟朋友在一起时我就是最瘦的人，所以会轻易地相信她说的那番话，放心享受大吃大喝的乐趣，这都是因为我对肥胖的认知已经被改变了。

现在阅读这段文章的你，很可能在怨恨那位胖胖的朋友，会想把自己肚子上有这么多赘肉的原因归咎于对方。不过，只要知道我们其实也会对他们造成强大的影响，那状况或许就会逆转。如果我从今天开始下定决心减肥，并且展现有如整形一般的效果呢？就从自己开始，重整三阶段影响法则的效果吧！

阅读克里斯塔基斯博士与福勒博士 2008 年在同一本学术期刊上发表的论文，便能发现"吸烟"也同样适用"三阶段影响法则"。

- 如果我的朋友是吸烟者，那我会吸烟的可能性便提高 61%。
- 如果我朋友的朋友是吸烟者，那我会吸烟的可能性便提高 29%。
- 如果我朋友的朋友的朋友是吸烟者，那我会吸烟的可能性便提高 11%。

那如果我戒烟呢？我朋友戒烟的概率也自然会提高。我们都应该好好思考，究竟是要带给人正面影响还是负面影响。

那幸福究竟会对有关联的人们造成什么样的影响？哈佛大学的克里斯塔基斯博士与加州大学圣地亚哥校区共同研究

团队，曾于 2008 年发表于《英国医学期刊》（*British Medical Journal*）的论文中，详细记述了幸福情绪的强大传染力。该研究以美国马萨诸塞州 21—70 岁的 4700 名成人为对象，花费 20 年的时间分析这些人的幸福情绪，如何传染给家人、朋友、邻居、同事。论文重点如下："幸福情绪所具备的强大传染力超乎我们的预期，它会对身边的人带来巨大的影响。比起家人，这样的情绪更容易传染给朋友和邻居。"

- 我的朋友幸福时，我变幸福的概率会提升 15%。
- 我朋友的朋友幸福时，我变幸福的概率会提升 10%。
- 我朋友的朋友的朋友幸福时，我变幸福的概率会提升 6%。
- 我在吃免费的食物时，我朋友的幸福感会提高，甚至连朋友的朋友都会感到幸福。

居住的距离会让幸福指数产生怎样的差异？跟幸福的朋友住得越近，幸福指数就会越高吗？

- 幸福指数高的朋友，若住在距离我 800 米以内的地方，那我的幸福指数将提升约 42%。
- 幸福指数高的朋友，若住在距离我 3.2 千米的地方，那我的幸福指数将提升约 22%。
- 幸福指数高的朋友，若住在我家隔壁，那我的幸福指数将提升约 34%。
- 幸福指数高的朋友，若住在距离我 1.6 千米以内的地方，那我的幸福指数将提升约 25%。

那不幸的传染力呢？不幸其实也跟幸福一样。

- 若我的朋友不幸，我变不幸的概率会提升15%。
- 若我朋友的朋友不幸，我变不幸的概率会提升10%。
- 若我朋友的朋友的朋友不幸，我变不幸的概率会提升6%。

幸好居住距离对不幸指数的影响，并不如幸福指数的传染力那么强大。

我的肥胖、我的吸烟习惯、我的忧郁，都会对我的朋友、我朋友的朋友，甚至是朋友的朋友的朋友造成影响，不是吗？朋友的肥胖、朋友的吸烟习惯、朋友的忧郁若已经对你造成影响，那不如暂时远离那位朋友。在自己变幸福并能够把幸福传染给那位朋友之前，最好先跟对方保持距离。

人会与和自己相似的人形成人际网络，忧郁的人会和忧郁的人在一起，幸福的人会和幸福的人玩在一起。如果想瘦身、变健康，那就加入运动社团；如果想戒烟，那就要多跟不抽烟的朋友来往；如果想变幸福，就要和积极乐观的人成为朋友，若情况许可，不妨搬到对方家附近，这样更是锦上添花。

让我们一起成为能带给他人正面影响的朋友吧！这样会不会让你希望自己变得更幸福，进而使朋友都想搬到自己家附近生活呢？只要我们自己变得幸福，朋友也会跟着幸福。

学习看人、交朋友的智慧

要懂得看人，才能结交到有益的朋友。那究竟该怎么做，才能学会看人的方法呢？哪些人该多多来往，哪些人该敬而远之呢？跟人来往时，究竟该抱持着怎样的心态呢？

过去3年来，我一直在和各领域备受尊敬的长辈见面，并把访问他们的内容写成专栏。通过与长辈们的谈话，我了解到"要看清一个人，就要看工作的开头与结尾"。即使每个人的工作领域不同，但看人、经营人际关系有着共通之处。我也是从这时候开始学习《论语》《中庸》《大学》《心经附注》《明心宝鉴》《大学衍义》等哲学著作，进而获得一些在西方心理学中无法得到的回答。

《论语》中记录了当代学者如何识人，透过一个人的言语和行为掌握对方的智慧。

《论语·为政》：

子曰："视其所以，观其所由，察其所安。人焉廋哉？人焉廋哉？"

第一，必须好好观察一个人，若没有仔细观察对方的言语和行为，只看外表便决定与对方来往，那很可能使自己蒙受损失，而未能察觉到这一点便是个人的过错。这时该做的不是埋怨、批评对方，而是必须反省自己为何识人不清。我曾经借了一大笔钱给认识的朋友，最后不仅没讨回这笔钱，还失去了这个朋友。有一段时间我一提到这件事就生气，很恨对方欺骗我，但在读《论语》的时候才意识到，这其实是我"识人不清"所造成的问题。

第二，必须细心地观察一个人。我们必须细心观察，对方是基于什么原因选择做出这样的行为。我在读到这段话时,想到的是以他人的缺点散播谣言的人。观察这些人,会发现他们大多是为了自己的利益,而想尽办法找别人的麻烦,所以才做出这种行为。因为没有信心靠实力赢过比自己厉害的人,所以想自私地利用子虚乌有的谣言把对方拉下来。我们必须仔细观察,用更具批判性的思维看待这些人所说的话。

第三,我们必须培养辨别的能力。若能仔细观察对方的言行,就能够洞悉对方的言行是出自真心还是为了博取他人好感。我们必须培养出精准的目光,看出对方是否在人前人后都是表里如一的人。

在拥有这种能力的人面前是无法隐藏真心的,最重要的是,我们必须努力成为这种始终如一的人。一个细小的动作、一句简单的话都不能欺骗自己,必须忠于自我。

《论语·泰伯》:

> 子曰:"狂而不直,侗而不愿,悾悾而不信,吾不知之矣。"

意思是说孔子不知该如何教导不分青红皂白、一味傲慢却不正直的人,无知无礼且冒失的人,无能却又不诚实的人。并警惕世人,既然无法教导,那么也不要和这样的人来往。一个人即使学历不高,但只要有礼貌、谦虚,那就有无限成长的可能性,也能学会很多事情。但无法充实基础又没有诚信,就表示这个人无德。

《论语·学而》：

> 子曰："不患人之不己知，患不知人也。"

我们应该跟不盲从他人标准、奉行个人准则、人前人后都始终如一的人来往。

《明心宝鉴·交友篇》写道：

> 与好人同行，如雾露中行，虽不湿衣，时时滋润。与无识人同行，如厕中坐，虽不污衣，时时闻臭。

这句话的意思是说，我们所交往的对象其言行所散发的恶臭，会在不知不觉间影响到我们，也就是告诫人们交友时必须谨慎。

那么善于交友的人是怎样的人呢？《论语·公冶长》中，孔子如此评价名叫晏平仲的人：

> 晏平仲善与人交，久而敬之。

朋友相处久了，褪去那些表象之后，会开始相处得较为自在，接着便会开始随便对待彼此。而这段话的意思是在强调，无论与对方再亲近，认识越久就越应该遵守应有的礼仪，那正是"善与人交的态度"。**失去恭敬之心，关系便随时可能破裂，恋人、**

夫妻、父母与子女都一样。

有时候不管怎么看,都会觉得身边没有什么不错的朋友,但换个角度想,这些人都是自己能够学习的对象。

《论语·述而》:

> 子曰:"三人行,必有我师焉。择其善者而从之,其不善者而改之。"

我们不可能只和自己喜欢的人来往,如果能以开放的心态看待世界,就会知道身边的人都能帮助自己成长。**关系也需要练习,当你经过学习、实践,就能够经营有智慧的人际关系。**

关系咨询所——给在关系中痛苦的人们

案例1 同事爱说闲话,好难相处,怎么办?
——请把时间花在值得对待的人身上

> 我的同事总是有很多不满,虽然我也不算太乐观,但身边有个一天到晚散发负面情绪的人,会连带让我也跟着负面思考,导致情绪越来越差。那位同事不仅对公司不满,对同事也有很多不满,经常在背后说人闲话。一想到他说别人闲话时如果我不在场,他可能就会开始谈论我,这让我心里很不舒服。我该如何做才能跟这个人好好相处?

应该很多人都曾经有过这种不自在与不安的情绪。虽然果决离开这个人会比较好,但因为没办法这么做,所以心理上也会感到很疲惫。要跟有很多不满的人好好相处,绝对不是一件容易的事。因为他们会希望所有人都同意他们的不满,且站在同一阵线，所以必须要注意的是，最好不要牵扯进他抱怨的事情里。即使偶尔听对方抱怨，也要尽量保持距离，不要和他一起抱怨。无论对方是在说别人闲话还是骂公司，都不要做出分辨是非的反应，**因为对他的话做出反应，就等于是被卷进这件事里了。**

对公司总是有诸多抱怨的人，会在背后说同事闲话的人，他们的心灵相对都很贫乏。即使错误的谣言或闲言闲语会伤害到他人，他们也毫不在乎，是相当自私的人。

当然，人不可能对所有事情都感到满足。美国著名心理学家萝瑞·艾胥娜（Laurie Ashner）与米奇·梅尔森（Mitch Meyerson），曾经在《欲惑》（*When is enough, enough?*）这本书中，提到不满足与抱怨等问题，都与自尊有所联系：

> 满足并不是与拥有相关的问题，也与成就无关。满足并非来自外界，而是源自内在，不满足的人所缺乏的，是对自己的尊重。

我们在生活中必须感受到自己活着，醒着的时候总是感觉到幸福、感觉到满足，相信自己的生命有意义。能力出众的人不会呼朋引伴，也不会说闲言闲语，请尽量面无表情地远离那些总是散发负能量的人吧！如果自己隐藏真心，假装聆听他们的抱怨，还会被误以为跟他们有同样的想法，让他们感到安心并任意发泄情绪呢！我们可以尝试自然地将话题导向正面、开朗的方向，但如果同事仍然执着于负面的对话，就请保持在不会让彼此感到不适的距离。

我们不可能与每个人都维持良好关系，想获得大众的爱、想跟所有人相处融洽是种贪心的想法，更会因此感到痛苦。只要放下寻求他人认同的想法，就不需要为了让他人喜欢而努力，也能够真实地做自己，只要跟喜欢自己的人好好相处就好。

在关系中，想获得对方认同的欲望越强烈，就越需要让步。 要让出自己的心、自己的时间、自己的物品……即使已经做了许多让步，对方可能仍然不怎么感激，或持续提出要求。这将导致你会一直觉得明明已经对对方很好了，却总是自己单方面受害、受伤。所以实在不需要这么做，尤其面对只会抱怨的人更是如此。即便那些人认同了你，说不定哪一天态度就变了，更可能发现你正在与他保持距离，进而把你当成羞辱的对象。但其实大家心知肚明，每个人看待事物的标准都差不多，所以不会相信那些成天说他人闲话的人。如果有人无条件相信、听从那种人的话，那最好也和这样的人保持距离。

让自己感到痛苦、受伤的人，对自己来说就不是重要的人。想和那样的人维持良好的关系，是一种无意义的情感消耗，也是在浪费自己的人生，请不要把时间与情感，浪费在对人生一点也不重要的人身上。**我的感情应该用在人生中真的重要、懂得珍惜我，及我所爱的人身上。**

案例 2　害怕面对人群，我好像生病了！
——偶尔不完美也没关系

> 我只要站在人群前讲话就会感到恐惧，双颊会泛红，心脏剧烈跳动，进而毁了整段发言。本来以为长大后会好一点，但反而更严重。在公司内需要发言时，我会因为不安而无法呼吸，甚至会像小学生一样，希望明天突然生病就可以不必去公司。这不是只限于发言时会发生的情况，因为这种体验一多，反而让我在面对人群时都感到害怕。感觉大家好像都在嘲笑我，都私下在骂"他是不是笨蛋"。

担心自己在人群前会脸红、会发抖、会失误的紧张心情，会以焦虑性神经官能症的形式展现。做错了、失误了、脸红让人好丢脸好羞愧这些事情，都是过了当下那一刻就会好转的事情，不是吗？但焦虑性神经官能症会令人想起过去的经验，进而因为担心未来可能再度发生而不安，甚至可能进一步发展为社交恐惧症。

深入了解最开始令人感到不安的经验，会发现大多都只是因为一件小事。像是上中学时候上台发言时太紧张导致声音发抖、拿着课本的手抖个不停，同学却笑你"是不是中风"，但其实那个嘲笑自己的孩子现在并不在你身边,不在公司里,不在你发言的场合里。

"那只是过去的经验,现在这种事不会再发生。"我们需要试着这样告诉自己,让自己放心。所谓不安,其实是在警告自己"若可以就不要失误,好好表现",适度的不安能够对结果带来正面的影响。就像我们都会因为担心无法获得好成绩而读书,因为担心变胖而运动以维持身材一样。

"今天要是犯错怎么办?"

"要是丢脸怎么办?"

适当的不安能够转换成能量。人之所以会对没有发生的情况感到不安、痛苦,是因为被"我必须完美、我必须获得好评"的想法困住,所以请试着改变想法吧!

"我并不完美,就算做不好也没关系,今天做不好,下次做好就行了。"像这样持续安抚自己,就能够带来帮助。有些人会在不安时一直洗手,他们的目标并不是洗掉手上的细菌,而是想要确定自己变干净了,通过这种方式持续跟自己的情绪对抗。

我曾经因为严重的失眠接受治疗,那时医生说:"今天晚上不要睡觉,可以写文章、听音乐、读书,撑到清晨6点之后立刻发消息给我。"奇怪的是,那天我却意外地困。这种与不安、恐惧、害怕正面对决的治疗法叫作"意义疗法"。所以我们不要逃避,改用这样一种想法:"对,我站在人群前本来就会紧张,就享受大家的嘲笑吧！继续发抖，让大家继续笑吧！"或是试着去想："就搞砸今天的发言吧！让大家好好嘲笑我一番！"

因为太想获得完美的评价、太想获得好评，所以才会感到不安，想逃避。不要提前预设"大家都会笑我"，进而因此害怕，逃避人群。其实人们看到紧张、畏缩的人，反而会想主动帮忙、鼓励对方，所以试着鼓起勇气和恐惧对抗吧！

案例 3　跟自以为是的人相处，心好累
——这些人普遍很自卑，请以怜悯的心情来看待

> 上班时，我坐在一个一开口就让人感觉他自以为是的人旁边。他以为自己无所不知，认为自己的判断都很正确，应该受到关注。其实我只需要听就好，但问题是这真的让我很累，有时候甚至要吃头痛药。虽然很不想见到他，但每天都要见面……我该怎么办才好？

身边有个自以为是的人应该很辛苦吧？人们为什么总喜欢自以为是呢？这是因为太想有好表现、太想获得认同了。想获得认同并不是一件坏事，因为这会让人更努力，不过一旦想获得他人认同的欲望越来越强烈，就会使自尊低落,过度包装自己。而过度包装会更容易被他人注意到，进而成为"自我意识过剩的讨厌鬼"。

观察自以为是的人的内心，会发现他们常常为自卑感所苦，虽然他们看起来很有自信，但其实心中极度不安。因为害怕把自己真实的一面展示出来后，会无法获得人们的关注，所以为了假装更有自信、假装更优秀而过度包装自己，这是一种心理上的放电状态。因为总是要包装自己，所以会更加孤单。

有些人自尊心很强，但自尊感相对低落，不喜欢输给别人，极度渴望获得好评，却对自己真正的样子没有信心，只包装自己的外在，变得很神经质，对他人的评价极度敏感。自尊感若继续低落下去，这些人便很容易陷入忧郁。

每个人其实都"很爱自己"。抱持着"我觉得自己很不错，这样已经是很棒的人了，我有很多优点"这种程度的自爱，其实对精神健康相当有益。这样的自爱会滋养出保护自己的健康能量、健康的自尊感。而过度自爱，会使人执着于获得他人的认同、他人的爱，进而拼命想获得他人的好评。有些人为了维持当初包装好的形象，会刻意吹捧个人经历，经常说谎，甚至有不少人会对不认同自己的人做出攻击行为。

"想成为第一"的欲望，与害怕被他人发现这种想法的不安心情产生冲突，会使我们开始看他人的脸色。因为不希望被他人得知自己的真面目，所以将更多能量消耗在假装更有自信、假装更优越上。当一个人把自己的价值交付外界与他人的评价时，就会执着于他人眼中的外表与社会地位。这样一来更容易怨恨外界，会对不了解自己的世界感到愤慨，每天都像活在地狱中一样。

无法获得他人的认同又如何？我们不能切断所有可能性，让自己再也遇不到那些喜欢自我的人。越是夸张地包装自己，人们就会越远离自己。当你学会爱"原本的自己"时，才是真正的"自爱"，自尊也才会随之提升。

请记得，自以为是的人总是不安，总是在看别人的脸色，请以怜悯的心情看待这些人。有人说读完这篇文章之后，才发现自己也陷入"自恋情结"。其实只要好好检视自己的心，在懂得节制的情况下培养爱自己的心情就好。如果觉得交往的对象、自己的家人有自恋情结时，请鼓励那个人找出"属于自己的魅力"，帮助他更健康地爱自己吧！

案例 4 该如何面对易怒的主管？
——先同理对方的情绪再回答他

> 我的组长不太爱说话，实在不太了解他在想什么。他常常是面无表情地听我们说话，然后突然大发雷霆，会让人吓到心脏都受不了。他总是用生气来表达情绪，而且还理直气壮地说是因为组员让他不得不生气。他会说："都是你们老爱惹我生气！"其实他生气的模式跟我爸很像，所以我会更害怕，也常常会被他吓到，就连面对面讲话都让我感到恐惧。

因自己犯错使对方有理由生气，的确会是一个检视自我的契机，但若对方习惯性地对自己发脾气，那可不能一味忍让，应该思考这个人为什么会对自己生气，并拟定应对的策略。

人一慌张，就很难有正中对方要害的应对。如果对方勃然大怒，人很容易因为慌张而下意识地辩解，即使那明明就不是自己的错。遇到这种情况，请先忍耐，再搜集资讯，了解对方为何对自己生气、对方的要求是什么。这时若让对方自顾自地发脾气，他很快就会发现自己的理论很薄弱，并为此感到羞愧。

人之所以会生气，并非百分之百是因为他人的错，有10%的人通常是因为他人刺激到自己内心的某个问题，觉得委屈才会大发雷霆，这样在心理上其实是你获胜了。听完对方的话之后，可以试着用下列的情绪描述法来复述对方的话：

"喔，是因为我×××，所以你才生气啊！"

"原来如此，是因为我说了×××，所以你才会这么暴躁。"

第一句话要从同理对方的情绪开始，这样才能够压制依据动物本能而发火的对象。当自己的情绪获得同理时，对方很有可能就会不再生气，因为获得同理，所以会有得到安慰的感觉，接着再继续说自己想说的话。面对这种人时，更应该倾听、换位思考，这样反而更容易拉近彼此的距离。

不要一直后悔当时应该怎么做，试着鼓起勇气把自己的感受说出来吧！

"我理解你的心情，不过也希望你能顾及我的感受。"借由这种方式，请求对方不要只想着"自己的情绪"，也要顾及"别人的情绪"，不过这样也有可能会使对方更生气。

"我为什么要顾及你的情绪？"这时候请别说出自己的想法，而是带着坚毅的表情说出自己的请求。

"我想跟某某维持良好关系，就像我尊重某某一样，我也希望被某某尊重，我已经准备好要听你说的话了。"如果都这样说了却还是无法沟通，那就真的不需要跟对方多费唇舌了，也可以不必再尝试重建彼此的感情。

我们有义务保护自己，不让自尊受到他人的影响，请斩断这些会造成情绪疲劳的人际关系。**不需要跟所有公司同事都保持良好关系，只要维持能让工作更有效率的关系就好。**请区别同事与朋友，若期待同事就像朋友一样对待自己，那只会徒增自己的痛苦。

案例 5　上司像个疯子让我好痛苦！
——面无表情看着对方，不要随之起舞

> 组长只会"自说自话"，完全不听别人讲话。他的专长是无视别人，让组员觉得被污辱；他也会当面驳斥他人，然后又把"我不是倚老卖老，我是个开明的领导者"挂在嘴边。嘴上说重视团队合作，喜欢邀大家喝下午茶、下班聚餐，但实际上都在自说自话。他是这个地球上我所知的生命当中最普通的人。有没有什么比较有智慧的应对方法？

最好的方法就是"无视他"。虽然听起来很消极，但也是最积极的方法。对只是偶尔碰面的人来说这招很有效，但如果是必须天天碰面的同事，那就很难无视对方了。

公司里总有许多为"疯子组长"所苦的人，职位越高就越容易变成"疯子"吗？我们还在当下属的时候，应该以优秀的领导为榜样好好学习，因此，不如把疯子上司当成反面教材。虽然可能会为你带来不少压力，但应该把这种情况当作让自我成长的严格训练。在人际关系带来的压力中，最令人痛苦的就是与上司的矛盾。

我曾经为一位上班族提供咨询服务，他说他甚至有想杀害直属上司的冲动。上班族会如何表达自己因上司而承受的痛苦？我去大企业演讲时，曾经以1000名职员为对象做过调查：

①忍着不表现出来（60%）。

②虽然很消极，但会以表情来表达不开心（20%）。

③出去抽烟，下班后喝酒减压，回家睡觉（20%）。

虽然生气，但不积极处理的原因有80%是"反正也无法解决问题"，此外还有"怕把事情闹大""怕名声变差""怕人事考核成绩受影响"等。

有些人认为说了也没用，又怕被报复，所以只能唯唯诺诺地以"是"来回答上司，成为除了"是"以外绝对不会多吭一声的鹦鹉族。无论是命令还是提问，都会立刻回答"是"，他们只能成为鹦鹉，并做出一些小小的报复。

寻找个人存在的意义、幸福地生活就是人生的目的，但如果有人让你感觉受到污辱,甚至撼动了自我存在,那该如何应对才好?

有些人在别人好好与他沟通时就会意识到问题,但也有些人不见黄河心不死。面对后者时,你越忍耐,他就会越把你当笨蛋。继续忍下去,他们只会觉得自己说的都没错,越来越自满、过分。**世界上并不存在一套对所有人都有用的"人际相处之道",我们必须配合不同的对象做出不同的反应。**

当上司说个不停时,最好不要有任何反应,要是去做其他事,反而会被对方逮到机会教训,因此请看着前方或面无表情地注视对方,**最重要的是不要做出正面的反应。**

倚老卖老的上司偶尔也会听别人说话,遇到这种情况时,就要把握机会好好称赞他。你可以说:"组长真的很擅长倾听,真正擅长对话的人不是口才好的人,而是擅长倾听的人,谢谢您这么用心听我说话。"

你有一个倚老卖老、无法沟通的上司吗?世界上的确有这种人,他们完全不懂得同理别人,甚至完全不懂得察言观色,可以说是全世界最孤独的人。因为别的地方不会有人接受他倚老卖老,所以他只能在能让他倚老卖老的地方耍威风。他们其实是在喊:"我很孤单!我虽然很想假装自己很厉害,但全世界除了你们没有人会听我说话,至少在这里我想当老大,拜托听我的话!"

"真受不了!这个月我就要辞职!要是敢再对我说些乱七八糟的话,我绝对会拿起椅子丢过去,顺便送你几句脏话跟辞呈!"偶尔出现这么激烈的想法时,请谨记《明心宝鉴》的教诲:

忍一时之气，免百日之忧。

得忍且忍，得戒且戒。不忍不戒，小事成大。

绝对不能提辞职，因为就算离职，还是会在之后遇到这种自以为是的人。就算无法改变世界，至少我们能改变自己的心。

案例 6　主管老爱找我碴，好想离职怎么办？
——离职无法解决问题，请说出内心想法

> 讨人厌的顾客只要忍一下就过去了，所以我还能忍；讨人厌的厂商也可以站在公司的角度去面对；但每件事情都要找碴又爱说谎的上司，怎么样也避不掉，真的让人无法忍受。不发问他会有意见，但发问后他又会不耐烦地说怎么连这都不懂，要我自己看着办，我处理完后他又反问我怎么擅自做决定。如果有好成绩，他会把我的功劳全部揽到自己身上，但要是事情不顺利，他就会把责任全部推到我身上。他口才真的很好，谎话都比我的真心话更有说服力。虽然公司的人也都知道他在说谎，但每天面对这种人，真的快把我逼疯了。我现在已经有失眠、焦虑、强迫症等症状，一想到上班就会心跳加速，早上睁开眼睛都觉得痛苦，甚至想过要自杀。我是不是该安安静静地离职？前辈都说没有别的方法，只会叫我忍耐……

"忽视对方,当成是修身养性的考验而忍耐,但上司还是把自己逼到要去看精神科、吃药,到底该怎么办才好?难道离职才是唯一的答案吗?"我在企业演讲时,常被问到这些问题。

如果你正在承受超乎常理的折磨,那绝对不能压抑自己内心的痛苦。首先,请你和同事分享这份痛苦。试着听听一起工作的同事的说法,接受他们的安慰,或许就能找到自己没有想到的、更有智慧的处理方法。如果上司只对你一个人这样,那就是"职场霸凌",如果因为情况太严重而离职,那就必须要求精神赔偿。

职场上的人际关系冲突其实不容易用咨询解决,因为成员之间的相处气氛、公司的状况都是独一无二的。最简单的方法其实是不要再跟那位让自己感到痛苦的上司见面,看是要转调其他部门或干脆离职都可以,但这并不是最好的方法。如果能跟同事一起集思广益,说不定能想出意外的好方法,若还是想不出时,不如参考我的提议。

关于是否"该安安静静地离职",如果严重到让你考虑离职,是否至少要说出该说的话?静静地离职是一种逃避。如果下一份工作也遇到类似的上司,你有办法心平气和地好好工作吗?**如果不处理这个情况,下一份工作说不定还是会因为相同的创伤而蒙受损失,所以一定要鼓起勇气说出内心的话。**

首先该面对的事情是,在工作上若有好成绩,上司会把功劳揽在自己身上,但要是结果不佳,就会把责任全推到你身上。其实很多人都会把功劳据为己有,并把自己的失误推到别人身上,这些只会自我欺骗的职场老人就算说谎也不会自我反省,甚至会辩解："我们那时候都是这样，我遇过更夸张的。"不过其实这些擅于说谎的上司，最后还是会面临窘境。

若上司习惯性将下属的个人成果占为己有，应该要私下反映。以端正的态度，严肃地看着对方的眼睛把心里的话说出来。如果在人群面前提起这件事，对方会觉得丢脸，反而导致你成为报复的对象。

"多亏了部长，我学到很多，才能有这样的成果。如果部长能够提起我的名字，未来我会更努力。"如果这样说对方还不知羞耻，也不把下属当一回事，那就表示对方有人格障碍。

接着是把所有过错推到你身上的情况，请挑战在有同事的场合提起这件事，必须在有证人的状况下说才行。以最慎重、谦虚的姿态但坚决的表情，一字一句地慢慢说清楚。

"部长，事情不顺利您应该很难过，都是因为我没能好好提供后援，真的很抱歉。不过若将这一切都归咎到我身上，我很担心自己以后是否还有勇气站出来帮助部长。"

如果遇到每件事情都要找碴的情况，就试着这样应对："部长，我知道我还欠缺很多东西，所以我很努力向您学习。我很想依照您的要求做事，也把每件事情都记下来，但总是出错、被骂，让我变得很没有自信，处理事情时总是很紧张。如果您能稍微尊重我，让我能更有自信地提供良好的协助，我会非常感激您的。"有一些遇到类似情况的上班族曾经来找我咨询，他们一开始也说这样没用，感觉好像只会被敷衍，对这种处理方式有些抗拒，不过还是抱着"反正都要辞职了，不如就把该说的话说完再离开"

的心情，鼓起勇气使用上述的方法。

结果有80%的人都看到了令人讶异的效果，甚至还有不少人发现自己的上司再也不会小看自己，反而开始要看员工的脸色。总之，职场上真的需要能勇敢说出真相的人。那些不懂得何谓同理心，不懂得对话时如何相互尊重，不学无术且无知，只会说出一些废话又倚老卖老的上司，身边并没有会对他说真话的同事，所以才会走到如今这一步。为了自己、为了公司，请鼓起勇气，说完之后再决定离职也不迟。这种会让同事生病，对公司来说是"毒菇"般存在的员工，我们必须要向上呈报。为了公司的发展，应该要对这些危害员工精神健康、对工作造成危害的人发出警告。

案例 7　同事只活在自己的世界里，让我好难做人
　　　　——尊重他的选择，不需硬逼对方融入大家

> 同部门的同事太特别了，每次都不参加聚餐，也完全不跟其他同事交流，所以公司才来拜托跟他同期进公司的我，帮助他融入大家。我想他似乎非常喜欢这样的自己，无论我怎么努力他都不改变。他并不是不会做事，所以上司也没什么意见，不过我一直承受压力，该怎么办才好？

如果每天都要跟与自己截然不同的人见面、一起工作，的确在心理上会有压力。虽然不同并不是一件坏事，但的确会让人感

到不自在。如果是同事关系，那自然不得不和对方共事。既然你说他不是不会做事，就表示他并不会在工作上给同事带来困扰，那是很棒的事吧？那个人以自己的方式愉快地工作，何必因为身边的人给自己压力呢？

有些人很有个性，非常喜欢沉浸在自己的世界中，即便这样让旁人感觉有些不自在，但并不是坏事吧？我们通常会以"奇怪"来形容跳脱"平凡"与"标准"范围的人、事、物，但请努力不要去评论这些事。

因为就算花上一辈子，我们也不可能评价、解释他人的人生，因为每一个人的个性都是融合了家庭关系、学生时期的经验、朋友关系、兴趣等所有元素后所形成的。只要不会对自己造成困扰，那就应该将对方的奇特或独特之处，当成是"专属于对方的特色"来接受，只要合作的事情能够顺利完成就好。

聚餐时也是，就让对方用自己舒服的状态来面对吧！不必硬逼对方说话，要求他融入大家，否则可能会给对方带来压力。

我们要区分清楚同事跟朋友，不要意图成为同事的朋友，因此，请不要用对方不想要的亲切来施加压力，只要在对方请求协助时帮忙就好。我们并不知道对方是否在自己的世界里过得非常自在，他们或许并不觉得孤单。**因为我是我、你是你，共事时相互尊重**，才是机智职场生活中所应具备的要领。

Chapter 2

说话带有同理心，才能修复关系

◇ "发自内心感同身受的言论"能创造拯救人心的"安慰剂效果"，心获得拯救，周遭的人际关系才能改善。

同理心的力量

不久前,我结束外县市的演讲后返回首尔,在飞往金浦机场的飞机上发生了一个紧急状况:飞机起飞之后,一位女性马上因为恐惧而放声尖叫。

"好可怕!好像要死了!"空服员虽然立刻过去关心,但她的尖叫越来越大声,当时客舱的乘客中并没有医生。

"空服员,虽然我不是医生,但我应该能帮得上忙,请问她有呼吸困难的症状吗?"

"没有,她似乎是因为太害怕才会这样,您能够帮忙吗?"

"请把我换到她旁边吧!"

"她现在的状况很不稳定,我们先试着让她冷静下来,您能告诉我们该如何处理吗?"

"请握着她的手,环绕她的肩膀,看着她的眼睛,以镇定的表情跟她对话。尽力同理她不安与恐惧的感受,让她感受到'我们会一直陪在你身边,会保护你,你现在受到大家严密的保护,你很安全'。最重要的是真心诚意地握着她的手,有需要时再拿药给她。"

一脸稚气未脱的空服员非常冷静地处理这件事，并随时来向我询问接下来该怎么做。不久之后尖叫声便停止，只剩下对话的声音。坐在斜对角的我，一直带着微笑看着那两人。

降落之前，空服员来问我："这位乘客，真的很感谢您，依照您的建议处理，她很快就平静下来了。未来如果再发生这样的情况，只要像今天这样处理就可以了吗？"

下飞机之后，几位年纪较长的女士走到那位女士身边，你一言我一语亲切地说："不要怕，大众交通工具里飞机是最安全的，你这样还不如搭火车，下次不要搭廉价航空，还是搭大飞机吧……"那位连耳朵都红透了的女士，脸上露出恨不得立刻离开机场的表情。我一直努力假装不知道这件事并继续往前走，却不小心和那位女士对上眼，她先用眼神向我示意，而我则笑着挥了挥手，快步向前离去。后来我在等出租车时，有人拍了拍我的背，转头一看发现是那位女士。

"谢谢您。"

"您辛苦了，我以前也有过类似的经验。请不要忘记，您身边随时都有守护天使，我们一起努力恢复正常生活吧！"

我曾经亲身体验"同理心的力量"有多么强大，这多亏了我遇见两位守护天使。8年前，我在飞往慕尼黑的飞机中突然感到呼吸困难，感受到"再这样下去会死"的恐惧。那是我这辈子第一次要连续搭13小时的飞机，再加上我又忘了带已经服用好多年的抗忧郁药物，导致在搭上飞机的那一刻，立即被不安与恐惧吞噬，我的眼前是一片黄色，其他什么都看不见。

"我好像要死了,完全无法呼吸,心脏好像要爆炸了!"当时有人抱住我,握住我的手,喂我喝水,跟我说:"没关系,这里很安全,我们会保护你。你感觉快要死了吗?绝对不会发生这种事,我会一直保护你到最后。"她一直安抚我让我安心,那是一位60多岁的女性空服员,而我就在初次见面的陌生人怀中入睡。虽然当时没能好好向对方道谢就离开了,但我至今仍记得她温暖的怀抱。那天,我亲身感受到"同理心"能够拯救将要死去的人。

"同理心"能带来安慰的效果

之后,我在德国研究室里遇见第二位守护天使。他是一位跟我语言不太通的研究员,我跟他分享自己忘记带药而感到焦虑,以及在飞机上发生的那些事情。

"别担心!我能理解你的心情!我也有类似的症状,医生开了很多药给我,我分你吃。我每天给你一颗,换了环境一定很害怕、很不安吧?我已经好很多了,我们一起加油。"

听见这番话的时候,我突然感觉很轻松,心情安定了下来。我每天吃一颗这位前辈给我的药,这情形就像母鸟喂小鸟一样。我甚至觉得"德制抗忧郁剂很适合我,居然立刻有效"。

"相美,多晒太阳,多走路,多吃点好吃的东西,多跟别人聊天,这样药效会更好。如果整天待在研究室,每天都吃香肠面包,药效就不太能发挥,我们一起去散步吧!"

前辈只要一有机会就邀我去散步,还说他很擅长做德国猪脚及香肠料理,邀请我去他家吃饭。多亏这位交友广阔的前辈,我认识了很多不同的人,也交了一些德国朋友。

"相美,药效很棒对吧?你的忧郁症好像都好了耶?"

"对啊,我原本有忧郁、焦虑和失眠的问题,但最近都好很多了。我觉得这种药真的很适合我,我想在回国之前买一些,请告诉我是什么药。"

前辈买了一年份量的抗忧郁剂给我当回国礼物。打开那个盒子一看,发现是一双红色的运动鞋与5个药瓶,药瓶上写着:"综合维生素。"

那一刻,我领悟了安慰剂(假药)效果的威力。服用"综合维生素"却能使忧郁症好转,就证明了"信任对心理与生理带来的影响"。当我在服用时相信这是"能让我变好的药",就会对大脑与身体产生影响。

"别担心,我能理解你的心情!我已经好很多了,我们一起加油。"这句真心感同身受的话使我平静下来,也让我无条件相信他说的话。**同理心所带来的安慰剂效果,具有能让痛苦消失的力量。**

安慰剂在拉丁文中代表"能使我快乐的事物"之意,在心理学上则用于代表"抚慰痛苦"的意思。我们经常能看见开立"假药"处方给患者却产生疗效的状况。患者将假药当成真药服用下肚却出现了疗效,实在是令人意外且惊讶的一件事。韩国经常使用的处方药是"抗忧郁剂",而验证其效果的研究中也有"与假药之间的药效比较"这种研究。我们经常会发现，服用"真"抗忧郁剂的患者，与相信假药是"抗忧郁剂"并服用的患者，治疗效果并没有太大的差异。这并不是因为抗忧郁剂的效果不好，而是"心理上"对药物的"信任"而创造的效果。也有研究结果指出，安慰剂效果主要出现在"相信药效"的人身上。

即使是对知道自己服用"假药"的临床受试者投药，也能发现有30%的受试者表示自己感觉到痛苦减轻，他们的共通点都是"相信药有效"。

"发自内心感同身受的言论"能创造拯救人心的"安慰剂效果"。心获得拯救，周遭的人际关系才能改善。光是期待"吃下这种药我就会变好"的正面效果，就足以让我们的大脑准备好创造正面的效果。信任使我们能预期接下来发生的乐观结果，并启动补偿系统以减少痛苦。

心理学家卡尔·兰塞姆·罗杰斯（Carl Ransom Rogers）表示"温暖、包容、照顾、无条件的尊重"，是心理治疗时不可或缺的要素。简言之就是"同理"。心理治疗的核心就是同理，同理具有比想象中更强大的力量，能够拯救失去希望的生命，重新串联疏远的关系。

说话时，可用动作来表达同理心

中年人曾经对一个花好几年准备考试最后却落榜的年轻人说："以后你就会知道，一年真的很快就过去了，岁月不待人。"

有人会对因意外而失去子女，伤心欲绝、茶饭不思的父母亲说："活着的人比较重要啊，孩子再生就有了。"

　　更有人会对与爱人分手，陷入悲伤之中的人说："之后会遇见更好的人。"

　　这些我们自以为是的安慰话语，听在当事人耳里很可能是一种"精神暴力"。一起"计算死去的孩子的年龄"，一起追思亡者，待在陷入悲伤的人身旁握住他们的手，或许才是最好的安慰。

　　首先，我们必须练习好好聆听对方说话。说话很容易，但聆听很困难。"同理"是透过自己的心去理解对方的心，应该看着对方的眼睛点头并握住对方的手。**同理心是源自"行动"，而不是源自话语。**

　　我们必须从同理对方痛苦的心情开始。不要努力想用话语安慰他人，也不要任意提出建议，更不要说服对方。并不是年纪大就能给出正确的建议，我们只需要创造合适的气氛，让对方能够具体地说出自己的情绪，并好好聆听就好。如果内心充斥着悲伤、愤怒等负面情绪，自然没有地方能够容纳正面乐观的情绪。即使经历了相同的事，内心容器越小的人就越会感到痛苦，所以我们必须聆听他们说话，帮助他们尽快清空心中的负面情绪。因为这样才能创造新空间，容纳平静、愉快的正面情绪。你只有停止给予忠告或劝谏对方，才能够真正开始交流。如果想与他人展开同理的对话，就该记得下列4点：

　　①认同对方的不同之处，理解不同的人生。

　　②掌握对方的情绪，给予尊重与体谅。

③对方要敞开心胸才会愿意倾诉。

④情感交流就是一种意识的交流。

同理源自承认对方的不同之处，并理解对方的人生。尊重并体谅对方的情绪，对方才会敞开心胸，情绪能交流时才能够达到沟通的目的。

我目前正在对成年服刑人和少年感化院的孩子们进行心理治疗教育。受刑人的共通点之一，就是他们的同理能力都不好。他们无法控制情绪，容易感到郁闷，进而使用暴力而犯下杀人的罪行，这都是因为他们无法同理他人的痛苦，无法对"那个人有多痛苦"这件事感同身受。

不懂得爱自己与他人的人之中，有很多都是不被爱的人。曾经被爱、被尊重的人，就会懂得爱护、尊重他人，也不会对他人施予肉体与精神上的暴力。若没有人相信或支持自己，就会变得不相信这个世界，产生想毁灭对方的冲动。面临冲突时，他们会瞬间无法控制自己的愤怒，进而对他人造成危害，最后做出毁掉自我人生的事情。

与其用言语教导这些人，不如一边点头一边说"原来如此"来表现"同理心"，让对方感受到"真实"，而不是抽象的情绪。这些人之所以会做出这些行为是有原因的，我们不该只看结果，而是应该去倾听他们为何不得不这么做。先用"原来如此"这句话来同理对方，让自己的心意能传达给对方，才能持续地正常交流，进而帮助对方培养出同理他人的能力，形成一个良性循环。即使是在这个超智慧时代，人工智能仍无法超越人类的能力就是同理心。

最近无论是企业、研究所还是大学内的计划,大多以组为单位进行,很多时候个人成果也不代表小组的成果,所以团队合作对组织及个人来说非常重要。

2008年,麻省理工学院和卡内基梅隆大学的心理学家,花了两年的时间研究在被赋予课题时,成果相对较好的组具备什么样的特征。他们将699人以2—5人不等的人数分组,并给了这些小组不同的课题,结果发现,顺利完成一个课题的小组,也都能顺利地完成其他课题。

成果好的小组究竟有什么秘诀?学者首先比较了组员的智商,发现智商与成果并没有任何关系。接下来他们观察了组内的氛围,发现成果好的小组成员之间不分上下,而是以"对等的关系"对话,而成果较差的组则有较高的比例是由上位者掌握发言权。

最后学者通过只看人的眼睛推测对方情绪的"用眼神读情绪"实验,测试受试者在社交上的感受性,并比较测试结果。社交感受性较高的人,比较能理解对方的情绪,善于配合那些情绪做出反应。结果一如预期,成果较好的小组,其社会感受性的平均指数也相当高。从上述的结果可推论出,组员的同理能力越高,团队合作越融洽,成果也越好。

在组织里,以负面角度说话的成员看起来似乎较聪明,但其实指责对方的失误、找出他人的缺点是件很容易的事,因为完全不用顾虑对方的心情,而且很容易让平时就有不满的人产生共鸣。不过就只有这样而已,这些人对小组成果会产生负面影响。**组员**

之间能够相互同理、合作，才能创造出个人无法达成的成果。

如何培养同理心？关键在于"倾听"

"同理心"是从想象他人的心情出发，我们可以这样做：

①多看文学作品、电影和连续剧。

有研究指出，阅读文学性较高的小说，能有助于形成同理他人的能力。观看连续剧与电影，能提升察觉他人想法与情绪的能力，能够间接体验他人的生命经验，并且帮助我们想象如果是自己站在那样的立场，会做出怎样的选择、说出什么样的话、做出什么样的行动。这时所使用的大脑部位，与实际处理人际关系时使用的大脑部位几乎是一样的，所以试着想象他人的心情是最好的同理心练习。

②多和不同的人讨论。

把讨论电影、讨论书籍当成是兴趣，对培养同理心能带来很大的帮助。聆听他人的想法，诉说自己的心情，就能培养出同理彼此的能力，更能获得察觉他人心情的能力。

③少说多听。

人们会对善于聆听自己的人产生好感，在职场上能赢得好感的人，并不是"雄辩家"而是"倾听者"，在组织中获得尊重的领导者也一样。能以谦逊的姿态，用具有同理心的眼神及表情聆听对方说话的人，更能够赢得人心。越是倾听，就越能培养出同理能力，一旦获得赢得人心的能力，就能更好地维持每一段关系。

不要说出想法，而是说出期待

你有曾经很亲近但现在完全不联络的对象吗？有只因为一句话就反目成仇彼此怨恨的对象吗？那样的对象可能是朋友或同事，更甚者则可能是家人。

如果跟身边的人反目成仇、渐渐疏远，就应该思考问题是否出在说话方式上，而这也是改变人生最快的方法。

学习心理学的过程中，我最关注的主题就是"同理"与"对话"。好意说出的话却无法如实传达，那就无法达到沟通的目的。人际关系研究与治疗的权威约翰·高特曼（John Gottaman）博士将对话分成3种，包括反目成仇、形成疏远、拉近距离。

"共鸣对话"是建立人际关系的核心要素，而共鸣对话法只需要记住这一句话：**"不要说出想法，而是说出期待。"**

只要遵守这一个原则就够了。交到一个朋友、建立人际关系的原则就是共鸣对话，当然这并不容易，面对越是亲近的人，我们就越容易说出自己的想法和判断，进而伤害到对方的感情，致使双方继续说出违心之论，最后导致关系疏远。请试着练习"用不同的方式表达同一句话"，也就是不要说"不要用这种方式做事"，而是改说"我觉得你这样做应该不错"。不是命令对方，而是请求对方，因为命令会使人想拒绝，而接受他人的请求则会显得宽容，产生想接受的心情。用能让对方产生正面情绪的话来说出自己的期待，是非常重要的一件事。

路上有一块写着"我是个盲人，请帮帮我"的牌子，旁边坐着一位盲人朋友，前面放着一个乞讨用的碗，偶尔会有人往里面丢钱。某天有名女性过去帮他改掉牌子上写的字，那天之后，帮助他的路人越来越多，而且他们捐钱时不是把钱扔进去，而是小心翼翼地放进去。

人们的行为改变了。后来这名女性又经过时，盲人问她："不好意思，你帮我改了什么？"

"意思是一样的，只是换句话说而已。"牌子上的字变成："今天真是美好的一天，但我看不到。"

"换句话说"能够改变对方的行为，这是在我们不直接说出想法，而是表达希望时会发生的奇迹，是唤醒对方心中"感谢"之情的行为。让人们意识到"有人看不见我正在看的这朵美丽的花，能看见这个世界是多么令人感激的事"，进而促使人们做出"帮助他人"的正面行为。只要换句话说就能改变我们的世界。当被人刺激到情绪时，我们应该暂时停下来，尝试练习选择给出好的反应、好的对话。

【说话时】与其批判，不如说出心中的期待

①暂停：停下自动浮现的想法（判断）、停止批判，专注在

自己的情绪与愿望上。

②选择好的反应：坦白自己的情绪与自己的愿望，并以期待的语气阐述自己的愿望。

妈妈　现在都几点了，你怎么不说一声就这么晚回家？你没有手机吗？为什么不打电话？跟朋友玩到忘记我了是吧？

儿子　你都不问我为什么晚回家，整天只会生气！我弄丢手机了，到处在找手机！我也很累好不好！

两个人都说出了自己第一时间浮现的想法（判断），不如试着停下来选择更好的反应，首先我们来试着换一下妈妈说的话。

妈妈　你这么晚没有跟我联络，让我好担心（坦白自己的情绪）。如果要晚回家，希望你至少传个信息跟我说（以期待的方式表达愿望）。

儿子听了妈妈生气的发言，自然也会感到不耐烦、感到委屈，但还是可以选择更好的反应。

儿子　妈，我弄丢手机了，到处在找，所以才这么晚回来，又没办法跟你联络，我也很累啊！你这样什么都不问就生气让我很难过（坦白自己的情绪），希望你生气之前先问问我发生什么事（以期待的方式表达愿望）。

虽然是同样的意思，却是不同的表达方式。当我们说出口的不是想法而是期待时，就能扭转局面。

一名爸爸带着7岁的儿子站在人声鼎沸的儿童大公园入口，他以严厉的表情警告孩子。

爸爸　儿子，你看到这里人很多吧？一定要抓紧爸爸的手，不可以放开，你要是在这里跟丢了，就会变成孤儿喔！

但儿子却放开了爸爸的手到处跑，我们来试着改变一下爸爸说话的内容。

爸爸 儿子，这里这么多人，爸爸要是弄丢你会很担心、紧张（坦白自己的情绪），今天你可不可以握紧爸爸的手（以期待的方式表达愿望）？

于是孩子整天都没有放开爸爸的手，而且还随时问爸爸："爸爸，你现在还很紧张吗？不要担心，我一定会抓紧爸爸的手。"

我们脑中有对命令做出反应的行为开关，听到"命令"时，会自动开启做出相反行为的开关，但听到"请求"时，则会开启想帮助对方的行为开关。所以虽然是同样的意思，但我们可以试着用不同的方式表现。当你不是说出想法，而是说出期待时，对方的行为就会改变。

【聆听时】请理解对方的"愿望"与"情绪"

请记住，自己不想听的话、伤害自己的话当中，也蕴藏着担心自己的心、希望自己能够成功的想法。如果首先浮现的是不愉快的情绪，那就会不想了解对方的心意。因此我们必须在耳朵上装过滤器，左边的耳朵是"想象情绪的过滤器"，右边的耳朵是"理解对方愿望的过滤器"，接着深呼吸并启动这两个过滤器，这样就能把伤害关系的话变成维系关系的话。

金常务 朴课长，你用这种方式报告，之前的辛苦就都白费了，你要一直这样结结巴巴，没办法好好表达自己吗?

朴课长今天似乎在主管会议中做了重要的报告，但因为非常紧张，所以没能顺利完成报告。常务把话说成这样，朴课长的自尊心肯定很受伤，心中立刻浮现的是"真是倒霉，真够丢脸，干脆辞职好了"，但因此伤心反而是朴课长的损失，这时朴课长的耳朵就必须装上过滤器，这样才能保护自己。

朴课长的情绪是什么?

情绪 因为我很紧张，没有好好表现，常务当然很难过，他一定是在担心我之前的努力都会白费。

朴课长的愿望是什么?

愿望 希望我以后不要紧张，能够好好把该说的话说出来。

歌德说："人往往更相信自己眼睛所见的事物。"人们都会以自己的标准倾听及判断，如果不练习听出他人话中的含意，处理人际关系就会变得很辛苦，也会使自己的心变成地狱。

换句话说,就能表达同理心

现在,让我们拿起笔来练习吧!清晨 6 点,周末一直因为感冒而浑身无力的女儿正准备上班,她还在发烧,而且全身疼痛无力,但今天一定要去公司。女儿套上衣服走到玄关,发现母亲拿着装水果和补品的提袋站在那里,她比女儿还早起来准备。

妈妈 你怎么穿成这样?就是穿这么薄到处跑,才会一天到晚生病!

女儿 你以为我想生病吗?干吗对生病还要上班的人找碴发脾气?我又不是去玩!我最近很累好不好!

最后女儿没有带走妈妈准备的水果和补品,砰一声摔上大门离开了。妈妈拿着提袋,一边喊着女儿的名字一边追出去,但电梯门就在自己面前关上。她觉得好像被女儿无视了,非常伤心。妈妈一边自言自语地说"为孩子牺牲一点用也没有,我真是白痴",一边走回家。

首先,我们来把妈妈的话换句话说,产生共鸣吧!

妈妈 你怎么穿成这样?就是穿这么薄到处跑,才会一天到晚生病!

↓（请用坦白表达情绪，说出心中愿望的方式来重写这句话。）

范例 经常生病妈妈很担心（坦白表达情绪），希望你出门时可以穿暖一点（说出心中愿望）。

接下来试着改写女儿说的话。

女儿 你以为我想生病吗？干吗对生病还要上班的人找碴发脾气？我又不是去玩！我最近很累好不好！

↓（请用坦白表达情绪，说出心中愿望的方式来重写这句话。）

范例 妈，我最近很忙，经常生病我也很难过，但你这样说话很像在找我碴，反而让我更难过（坦白表达情绪）。我已经生病了还要去上班，希望你说话可以温柔一点，我也希望你安慰我啊（说出心中愿望）。

女儿没听出妈妈话中"担心自己、希望自己更好的心情"，让我们试着启动"想象情绪的过滤器"与"理解对方愿望的过滤器"。

妈妈的情绪是什么？

情绪 女儿经常生病让妈妈很担心，希望她能多注意身体，平时就保持健康的身体。

妈妈的愿望是什么？

愿望 希望女儿出门时可以穿暖一点,希望她能好好照顾身体,希望她能健康。

女儿的情绪是什么?

情绪 工作很累,妈妈又不了解自己,真的很难过。妈妈说话好像在生气,更让人不高兴,生病还要去上班,却被说成是"到处跑",反而更感觉委屈。

女儿的愿望是什么?

愿望 希望有人同理自己,想被安慰。

让我们看看另外一个家庭的情况。一对夫妻正坐在一起吃晚餐,妻子好像对先生有一些怨言。

妻子 老公,今天楼上的那个女人真的快把我气死了。

先生 你怎么又生气了?

妻子 什么叫"怎么又"?你明知道我平常很少生气!楼上那家人的孩子一天到晚蹦蹦跳跳,我也没去跟管理室投诉,一直忍耐啊。换成别人,早就去报警说他们制造噪声了,我都忍下来了啊,但今天我们家阳台施工有点大声,她立刻就下楼来抗议,这样你难道不会生气?

先生 声音是有点大啊,我觉得楼上的阿姨人很好,是不是你太敏感了?

妻子 算了,那你去跟那个人很好的阿姨打好关系吧!气死我了,我真是白痴,竟然以为你会站在我这边。你就一辈子都帮别人说话啊,老了之后生病就知道!看我怎么修理你!

这位先生应该是个很善良的人，不太爱跟人争吵，努力想了解是谁的错，即使自己与家人吃亏、让步，也还是想跟周围的人维持好关系，但就只有太太会说他是"坏人"。这位先生真的认为自己的太太个性不好，而楼上的阿姨人很好，所以才责怪太太吗？

"老公完全不了解我的想法，都站在别人那边，我很难过，感觉我老公好像不爱我。"每次发生这样的情况，太太都很难过。

"我老婆的心很脆弱，很容易受伤，在别人面前都不太会表达意见，只会对我抱怨、生气，甚至会在我面前哭。我希望我老婆可以不要因为别人而难过，过得更好一点。这样她的心情也会比较好吧？我是为了她好才想要调停这件事，结果却被她骂说我都站在别人的立场想，到底该怎么说她才会懂我的真心？"先生则总是感到委屈。

改写先生的话

当对方的情绪受伤时，请同理那份情绪。先生为了让太太不需要承受压力，同时又和楼上的邻居好好相处，所以才会说出"声音是有点大啊，但我觉得楼上的阿姨人很好，是不是你太敏感了？"这种话，但站在太太的立场来看，听起来却像是"被别人指责自己太敏感"、"自己的老公竟然帮楼上的阿姨说话"。

首要之务是同理心。人们的情绪获得同理时，会觉得有人在为自己着想、自己获得尊重、自己被人爱着。

妻子　老公，今天楼上的那个女人真的快把我气死了。

先生　（请试着"模仿女方的情绪描述方式"，并"提出问题"）天啊！你生气了啊？（模仿女方的情绪描述）是什么事情让你生气？（提出问题）

妻子　楼上那家人的孩子一天到晚蹦蹦跳跳，我也没去跟管理室投诉，一直忍耐。换成别人，早就去报警说他们制造噪声了，我都忍下来了啊，但今天我们家阳台施工有点大声，她立刻就下楼来抗议了！这样你会不会生气？

先生　（以"同理、支持、担心"的方式说话）原来如此！（同理）换成是我也会生气（加强同理），但你脾气这么好，应该试着理解对方啊，好好跟邻居相处你也会比较自在吧？我很担心你会因为这样而一直觉得很有压力（表达支持与担心）。

改写太太的话

如果对方不同理自己说的话，当然会感到难过、生气，但我们应该停止"判断""批评"对方的心，并坦率地说出自我的"情绪"与"感受"，将自己的"期待"以"愿望"的方式表达出来，这样才能"让这段对话有意义"。

妻子　（坦白地表达情绪，以愿望来表达自己的期待）老公，我是因为难过所以才抱怨，但你却说我敏感，说楼上阿姨的个性看起来很好，这样我真的会很难过，感觉自己是个有问题的人。而你却站在楼上的阿姨那边，让我很伤心（坦白表达情绪）。我知道你希望邻居之间守望相助,但我因为难过而抱怨时,还是希望你能理解我的心情,这样我难过的心情会缓解一些(以愿望表达自己的期待)。

当你因为难过而向身边的人抱怨时,若有人能够同理、支持、担心你,那你会有什么感受呢?请把自己想听到的话说给对方听吧!男女之间的对话则需要更多学习,若能知道彼此之间天生的差异,那就能带来更多的帮助。

我经常为法官们讲授同理与沟通的课程。如果问家事法庭的法官"夫妻为什么离婚",他们大多都会回答是"因为沟通"。我们通常会认为是"个性差异",但心理学家认为个性差异其实与离婚并没有关系。各位看过家事法庭进行的离婚诉讼裁判吗?双方都批评对方"无法沟通",而我在为家庭提供咨询服务的时候,最常听到的也是"难以沟通"。明明大家都用同一种语言,怎么会无法沟通呢?

因为沟通其实是情绪的交流,之所以无法沟通,都是因为情绪无法交流。要把自己为什么生气、因什么事情不开心、因为哪一句话感到不愉快表达出来,对方了解之后才会明白是要道歉还是辩解,但人们总喜欢在不明确表达情绪的情况下,直接关上心门。好的情绪即使不说出来,也能通过表情、眼神、肢体语言等传达,**但和对方产生不愉快的情绪时,就必须用嘴巴说出来。**

"这非得要我说你才知道吗?"这是亲近的人之间经常说的话。尤其是女性,在恋人或老公没有意识到自己情绪受伤时,很容易认为"那个男人不爱我"。

男女吵架时女方最常对男方说的话是这句："你还不知道我为什么生气吗？"这时候男人真的会很紧张，因为如果随便猜测女人的心情却猜错了，说不定得承受一阵猛烈的炮火。

"你根本不知道我为什么难过，我不想自己说出来，感觉很幼稚。"这时男人的大脑会感受到深刻的痛苦，那是一种类似拷问的精神痛苦。批评对方，判断对方，毫无保留地说出自己的想法，都会让关系陷入困境。女人必须记住，男人很难猜到你的心情，这并不是因为他们不用心、无知或不爱你。

男人为何不懂女人的情绪？

第一，因为荷尔蒙不一样。男性荷尔蒙睾固酮会阻碍阅读情绪的能力。2011年，美国国家科学院曾发表一个相当有趣的研究结果。研究人员将参加实验的16名女性分为2组，让她们看过做出不同表情的许多脸部照片之后，问她们："这个人正在想什么，又感受到什么情绪？"

实验组的女性在舌头下方放了睾固酮，对照组则没有做任何措施。结果发现，实验组女性推测他人情绪的能力明显较平常低下，这是因为睾固酮会妨碍人类"阅读对方眼神的能力"，因而使得推测情绪的能力变差。这个实验也显示，睾固酮的确会直接影响人们阅读他人内心的能力。

男女的大脑有所差异。2013年，英国爱丁堡大学的斯蒂芬·洛利（Stephen Lori）教授所带领的研究团队招募了一群男女，将这群人分为男子组和女子组之后，在他们的头上装设扫描大脑的装置，并展开一场实验。实验过程中，团队让受试者看了许多男人和女人做着不同表情的脸部照片，并且询问："你能跟这个人打好关系及相处吗？"实验的结果显示，男性回答问题的时间明显比女性多。在需要瞬间读懂情绪、做出判断的情况下，男性需要花费的时间比女性更多，且有很高的概率无法做出好的判断。男性的大脑在需要理解社交信号时，前额叶的血流量一定会增加，且运作得更加活络。为了平衡身体某个过度活跃的部分，大脑会花费较少的力气在同理心上，这也使得男性理解他人情绪的能力较女性低下。

男人和女人在对话时的差异性

男人的对话	女人的对话
讲重点就是好的对话。	把前后的脉络交代清楚，让对方能轻易了解整个状况才是好对话。
比起私下，处理公事时更擅长说话，且说的话也更多。	处理公事时只说必要的话，私下则想放轻松多聊一点。
工作时、日常生活中，都想拥有分享正确事实与丰富信息的对话。	在工作时重视分享事实与信息的对话，私下对话时则希望获得共鸣。
出现问题而遭遇困难时，必须尽快找出解决之道（想展现提出解决之道的能力）。	寻找解决之道前，应该先听听遇到问题而陷入困境的人怎么说(最重要的是先提供安慰和共鸣)。

(续表)

男人的对话	女人的对话
最好能说出我想说的话，并尽量不要问问题。等待对方说出自己想说的话，是一种礼貌。	自说自话的人等于不懂得体贴，没有问题表示对方根本不关心这件事。
即使对方正在说话也要确认事实，要立刻点出矛盾之处。	以确认事实的方式打断对方说话，并说出自己的想法，是一种想掌控整个对话的表现。
喜欢有强烈的个人主张。	以倾听与共鸣为优先。
觉得聊天是浪费时间。	聊天可以形成紧密的关系。

女性面对男性时必须具体说明自己的感受，男性则必须温柔地对女性提问。

"你好像生气了，可以告诉我为什么吗？男人本来就因为荷尔蒙和大脑的差异，所以不太能理解别人的情绪。我很希望我能了解你的感受，但我真的不知道，这让我很难过。"

"我不是生气，只是觉得你不记得我的生日让我很委屈，所以才不想看你。我每年都会帮你过生日，但你总是不记得，这让我很难过，感觉你好像不爱我。我觉得自己很悲哀，希望你以后可以记得我的生日。"

练习坦白说出自己的情绪和感受，并把内心的愿望表达出来，才能拯救彼此间的人际关系。了解双方的差异之后，同理、沟通就变得容易许多。

用"姿势"表达认同,并用"我们"当主词

沟通的核心在于同理与倾听。"倾听"在韩文中也是使用汉字的"倾听(聽)","同理"在韩文中则使用汉字的"共感",两者都有"心"字,这代表倾听与同理都必须用心,善于倾听者才是真正善于同理他人的人。

我曾经遇过一个人,他让我了解到"倾听"与"同理"拥有的强大力量,能让他人站在自己这一方并成为助力。我曾有3年的时间,为报社访问在许多不同领域实现自我的人,并将这些访问内容写成报道。当时共访问了约50人,我想介绍其中一位"同理与沟通大师"。

他曾任1988年汉城奥运开幕式与闭幕式的制作团队领导人兼总导演、2002年韩日世界杯前夜祭总导演、庆州世界文化博览会总监及首尔街头艺术节总监等国家主要活动的统筹。在电视圈活跃了30年,曾经执导掀起全民话题的连续剧《搜查班长》、第一部以许浚为主角的历史剧《执念》,以及《朝鲜王朝五百年》等45部连续剧,更担任过纪实节目《想知道那个》的企划兼制作人、MBC TV的制作组长、SBS制作社长,曾执导《销售员之死》等超过170部舞台剧、歌剧,是世宗文化会馆第一代理事长、大学教授、丝路庆州2015年艺术总导演、2019年长青戏剧

节"那花开了"的导演。这位生平事迹多到无法一一列举的大师，是 1937 年出生的表在淳导演。他是艺术家兼企划大师，也是成功的文化大师。之所以列举他的生平，是因为我想谈论究竟是什么样的秘诀，帮助他取得这些难以置信的成就。

我曾在 2015 年表在淳导演担任丝路庆州总导演时，花了好几天的时间跟他做了一场很长的访问。访问时我提早 30 分钟抵达，因为如果能提早抵达现场迎接受访者，能让访问进行得更顺畅。没想到那天表在淳比我更早抵达现场。隔天我提早 40 分钟抵达，依旧发现他已经到了。他看见我惊讶的表情，便静静地笑着说："我的处世原则就是见面时，一定要提早到达。"

第二个令我惊讶的地方，是表在淳做笔记的习惯。通常访问都是由我提问，对方再回答的方式进行，但他却将我的问题仔细地抄在一本老旧的笔记本上。然后会把我的问题用他的方式整理好，并反问我"是不是这个意思"。我觉得他的态度非常了不起。他会一边点头一边听我说话，慎重地将我说的话抄写下来的模样，真的让我十分尊敬，自然而然地从心底产生敬意，于是只有表在淳的访问特别分成两次刊登，我认为他才是真正的沟通达人。

"开会时要尽量多听年轻后辈说的话，要认真倾听，在他们能看见的地方把他们说的话抄写、录音下来，这会让他们相信自己的意见被采纳，也自然而然地会认为自己就是主角。组织中最重要的创意，都藏在年轻人的脑海中，我总是和他们聊天、倾听他们的声音、采纳他们的意见、跟他们一起学习。如果问我的成功秘诀是什么，那就是多听，聚会时最早抵达现场等待，聚会结束之后向每个人说'我听了你说的话,它们给我带来很大的帮助,谢谢你',然后大家都会帮助我,都会站在我这边。"

我所遇过的备受尊敬的领导者大多不是雄辩家,而是倾听者。同理与沟通都源自倾听,培养出"倾听"与"同理"的能力,就能产生更深的信赖感。为了让对话不再是"死的",而是能更加"鲜活",我们必须好好聆听对方说的话。**充分聆听对方说话,是让对话"满足对方需求,并获得理想结果"的捷径。**

即使自己有想说的话,也该先给对方说话的机会,并好好聆听他的话。听完对方说的话之后,就能知道他真心想要的是什么。透视对方真心的方法,就是尽量给对方充足的时间说话,这样一来就能理解对方的需求,也能获得思考"自己能为对方做什么"的时间,让对方感觉自己被尊重,同时能让对方更包容自己。当然,聆听对方说话也需要足够的耐心。不过各位要记得,并不是在对话中只能听见自己的话,就代表这是一段失败的对话,只是会失去比较多东西而已。

产生冲突时,最需要具备同理心的对话,这时就必须运用倾听的姿势与表达同理的技巧。包括:

- 一定要看着对方的眼睛。
- 一定不能打断对方说话。即使是表达同理、表达认同,一旦打断对方的话,就会让人产生不受尊重的感觉。
- 在对方讲话时,最好从头到尾都做出"点头"等表示认同的反应。
- 重复对方使用的形容词很有效,包括:"所以你才觉得委屈啊！""所以你才会失望啊！"
- 听完对方说的话，在讲述个人意见之前，应该先整理重点并提问："是因为我做了某事，所以让你心情不好，对吧？"

认真听完对方说话之后，应该积极地用下列具备同理心的话尝试和解：

①用"原来如此"开头，主词从"我"开始：

"原来如此，换成是我感觉应该也会很差。"

"原来如此，如果是我也会觉得很委屈。"

②询问对方的意见，这时主词最好是"我们"：

"那我们该怎么做比较好？"

"那我们这样做好像比较好，……你觉得呢？"

"我们"这个用词，会让对方觉得你不是"要对抗的对象"，而是要合作的对象，会让对方觉得应该站在你这边。表达"一起"寻求解决之道，询问对方的意见是一个很好的做法，这时会让对方觉得自己被尊重，也会以更包容的心态参与对话。

③不要说出想法，而是说出愿望。

"听完某某说的话之后，我可以理解你为什么会难过。现在我可以说说我的感受吗？如果能……这样做，会让我有被尊重的感觉，我会觉得很感激。"

熟悉倾听的姿态、同理的表达之后，让我们来学习"说话的方法"吧！《论语》中具体针对君子的言语跟行为提出了建议，如果想成为受尊重的人，那就务必铭记在心。

> 敏于事而慎于言。《学而》
> 君子欲讷于言，而敏于行。《里仁》

"敏于行"可以理解，但"讷于言"是什么意思呢？孔子回到故乡短暂停留时，行为举止总是小心翼翼，并且诚实对待他人，就好像自己是个不擅长说话的人、是个木讷的人一样；而在宗庙或朝廷上，虽谨言慎行却能言善道。说话像木讷寡言的人般小心，只说该说的话、简洁利落地点出核心，这就是孔子的说话方式，也是我们必须奉为圭臬、好好学习的方式。

《明心宝鉴·言语》有这样的提醒：

> 逢人且说三分话，未可全抛一片心。不怕虎生三个口，只恐人怀两样心。
> 口是伤人斧，言是割舌刀，闭口深藏舌，安身处处牢。

在现代心理学的对话法则中，也提到对话中的70%应为倾听与反应，并用30%说话，也就是要尽可能谨言慎行的意思。我们不能随意相信他人，任意把自己想说的话都说出口，因为我们无法得知听者的心思，不能完全相信对方是站在自己这一边的。**如果无法区分什么话该说、什么话不该说而说太多，就很容易犯错，自然得承担随之而来的结果。**

以鼓励、正面用语，代替贬低、挖苦的词汇

"我们组长总是带着笑容嘲笑、批评我。我为了保护自己，只好面无表情地面对他，但他会反过来责怪我说'我是在开玩笑，你也太小心眼了吧'，真的让我很难过。好像只有他不知道他的话听在别人耳里，就是一种嘲笑跟批评。"

"我已经很委婉了，但对方一直说他觉得受伤，要我改变讲话的语气，语气是要怎么改？"

"我老公只要跟我说话就会生气，他总觉得自己被瞧不起。我跟他说话时很努力注意这一点，但真的好难。"

"面对家人就是无法好声好气，跟身边的人说话真的非常困难。"

在坏习惯中，"**用负面用词说话**"最容易对身边的人造成伤害。父母的说话习惯对子女影响极深，无论学历、年龄、性别，对话能力都必须靠学习、实践才能增进。因为言语中藏着看不见的刀刃与毒药，会使对方的心受伤、流血，甚至留下永远的伤痕。而比起正面乐观的词汇，我们的大脑会更具体且长久地记住负面的词汇。让我们练习将"断定""挖苦""贬低""讥讽"等负

面词汇，换成正面的用语吧！

- **断定——不断旧事重提**

"那就没错。"

"我就知道会这样。"

"看就知道是你做的！"

"现在是不是该认真点了？"

犯错或失败时，最难过的其实是当事人，他们都会需要安慰。用"我就知道会这样"断定当下的状况，其实就等同于在对他说"你不够好，当然会犯错、会失败"一样。如果老是重提过去的失误，意图证明自己说得没错，那当事人会有怎样的感觉？这是一种最糟糕的说话习惯，会践踏他人自尊心，令对方失去自信。

这时候，不如让我们试着练习这样说：

"我也遇过这种事，的确会这样。"

"我知道你很用心，你应该很难过吧？"

"换成是我也会很难过、不知所措，你比我更厉害，我相信你一定能攻克难关。"

"还有机会！你已经累积了很多经验，下次一定会更好。"

- **挖苦——不断在伤口上撒盐**

"到底为什么会这样？"

"你怎么老是这副德行？"

"我真的不懂，怎么会变成这样？"

"你觉得就常理来说，这像话吗？"

举例来说，假设儿子在外面弄丢了用分期付款买的最新型智能手机，或是另一半投资股票却亏损，在这种让人血压飙升的情况下，还要有教养地说话并不是一件容易的事。不过因为这些状况都无法逆转，所以会让人忍不住追问："到底为什么会这样，你告诉我，说啊！"挖苦高手们则会用亲切的语气一再追问："我是真的不能理解所以才问，到底为什么会这样？你也不是第一次如此了。"我将这种说话方式称为"担心至极的挖苦"，对方已经因为自责而心如刀割，身边的人如果能展现同理心并好好安慰他，那伤口就能很快愈合。让我们来练习这时候该怎么说话：

"事情都已经发生了，就不要再难过了。"

"最难过的应该是你，以后小心就好，忘了吧！"

对受伤的人"绝对要"表达同理心和安慰，这样才能够"鼓励"他。对方获得鼓励之后，才能说出你想听的话，像是"我真的好蠢，我会努力不再犯这种错"。

如果真的完全说不出鼓励的话，那就干脆不要说话。**鼓励的话能让对方支持自己，而使人泄气的话则能彻底破坏这段关系**。

如果听到这番丧气话的人，是自己的孩子呢？如果是自己公司刚报到的新人呢？这无异于每天对刚冒出新芽的盆栽浇滚烫的热水。

- **贬低——以言语打击对方的信心**

只要一碰触三件事物，就会使人的自尊遭受致命打击，那就是知识、能力与拥有。若他人对这三者提出批评，几乎人人都会觉得自己被贬低，内心受伤。

知识："你不知道那个吗？"

能力："这你都办不到？"

拥有："你连这都没有？"

部长 朴代理，你都进公司几年了？现在也该要会自己处理事情了吧？你连这个都还不会吗？（知识）

爸爸 你都35岁了，很快就要结婚了，竟然还没去申请青年住宅吗？你堂弟上个月已经预约了，不管是申请还是预约，你都不关心吗？只要去查一下就能找到很多优惠，这你都不会吗？（知识、能力、拥有）

老公 你也多用功点吧！处理文件是上班族一辈子的课题，为什么你每次都要问我怎么做？你连Excel都还不会用吗？（知识、能力）

妈妈对儿子 你问我"观望"是什么意思？因为不知道题目是什么意思所以无法解题，跑来问妈妈这是对的吗？你都高三了，还不知道"观望"是什么意思？（知识）

久未见面的姐姐对妹妹 你没有购买扫地机器人？最近有孩子的家庭都有一台，去买一台扫、拖合一的吧！职业妇女都该要有一台，这种钱不要省，要我买一台给你吗？（拥有）

你以前是否听过这样的话，或是曾经对身边的人说过这样的话呢？自己认为理所当然的事情，对方很有可能不知道。"你不知道吗""这你也不会吗""这你也没有吗"等问句，其实潜藏着"我当然知道""我当然做得到""我当然有"的自负以及小看对方的心态。因为不把对方当一回事，所以才会下意识地说出这种话。对自己来说理所当然，但对方很有可能不知道、做不到、没有，也很有可能是自己误会。

　　你可能觉得，是因为担心对方所以才这样说，但很多人都用错了表达方式。如果自己的情绪是"担心对方"，自己的真心是"想帮助对方"，那就应该要好好说出来。让我们试着换个方式，重新表达上述的对话吧！

【鼓励的话】请参考例句，自己也练习看看

　　部长　朴代理进公司也 5 年了，一直没有出现能亲切教导你的前辈，不妨把企划让我看看，我来帮助你吧！

　　练习：_____

_____

　　爸爸　你也有点年纪了，却还没申请青年住宅，我真的很担心啊！资产管理也很重要，要多注意！

　　练习：_____

_____

　　老公　这个 Excel 表格真的很复杂，但我不可能每次都帮你，你就趁这次机会学起来吧！

　　练习：_____

_____

妈妈 原来你还不知道"观望"是什么意思啊,如果题目出现看不懂的词,可以查字典,再抄在笔记本上,这样自然而然就能记住了。

练习:＿＿

姐姐 我用了扫地机器人后发现真的很方便,家里有孩子后就必须随时清洁地板,这样方便多了。你最近要带孩子又要加班,应该很累吧?买一台扫、拖合一的应该不错。

练习:＿＿

怎么样呢?虽然是同样的内容,但感觉截然不同吧?碰触到对方自尊心会使关系触礁,即使是同样的内容,但只要换个方式表达,就能传达真心,让对方感谢自己。

• 讥讽——无意中伤人的玩笑话

我小时候跟妈妈聊天,经常是笑着开始最后以争吵收场。仔细回想究竟是哪句话刺激到我时,会发现妈妈那些"像玩笑一样的话""换个方式的称赞",听在我耳里都像在"讥讽"。例如,我下定决心要整理脏乱的房间,这时妈妈一定会来说:

"你是怎么回事?"

"太阳要从西边出来了。"

"你今天怎么了？发生什么事了？"

"今天有客人要来家里吗？"

"反正很快又会弄乱了，你干吗这么辛苦？"

于是我也因为伤心而顶嘴："你不能直接称赞我吗？一定要这样讥讽吗？我本来打扫得很开心，你这样我很难过。"接着妈妈又会难过地说："你干吗这么小气？我只是开玩笑，这样我都不知道要怎么说了……"

这种对话并不是只会在我家上演，虽然一方面是因为我小气，但妈妈的口气也会让人感到不太舒服吧？这种话若是由陌生人说出口，那肯定会更难过。接着，让我们看看姜代理工作的办公室。他桌上总是堆满了各种文件，还有好几个一次性咖啡杯，常放到发霉才丢，但今天他突然把桌子整理得很干净。

"喂，姜代理怎么了？今天是吃错药了吗？怎么开始打扫了？"朴部长与杨课长一边笑，一边讨论着。

"对啊！今天太阳是不是从西边出来啦？"这其实是半开玩笑、半称赞的对话，却让姜代理很不耐烦，因为听起来像话中有话，这是为什么呢？

因为站在听者的立场来看，这些话百分之百是在"讥讽"，"讥讽"的话语当中，会呈现出对方平时对自己的评价有多低，让人感觉就像表达平时累积的不满一样，使自尊心受伤，也会产生与对方敌对的心态。

有时候人会在应该要称赞别人的状态下，却用"玩笑"来掩饰自己的"讥讽"，这么做的意图是为了博君一笑吗？其实反而更常惹怒对方。

　　成长过程中常听家人用这种语气说话的人，都会比较没有自信。若在完成一件事情之后无法获得明确的称赞，总是接触到这些讥讽的言语，他们会自暴自弃地认为："对，像我这种人，做出来的事情就都是那样子。"

　　虽然玩笑能够"引人发笑"，也能够让关系更好，但其实并非所有情况皆适用。**言语其实是很敏感的，我们意图逗笑他人的发言，很可能会使对方受到致命伤**。在面对个性较为敏感的人时，开玩笑就更要小心，因为由玩笑引发的争吵，很可能会使这段关系彻底结束。

【鼓励的话】请参考例句，自己也练习看看

妈妈　　天啊，你假日没休息，在打扫房间吗？很辛苦吧？
练习：_____

_____

朴部长　　听说越有创意的人桌子越乱，姜代理不仅有创意，整理能力也很出色，我也要跟你学习。
练习：_____

_____

　　试着把让人心痛的话、不想听到的话（难过的、郁闷的、不

开心的、伤害自尊心的话）写下来，转换成自己想听的话吧！

① _____

改写成：_____

② _____

改写成：_____

③ _____

改写成：_____

④ _____

改写成：_____

⑤ _____

改写成：_____

不要擅自揣测他人的内心

我们经常会揣测他人的想法与内心，会在下意识之中使用"读心术"。越擅长读心术的人，就越会因为他人而感到郁闷、受伤。但我们真的可以看穿别人的想法与内心吗？

"真希望我不说你也能明白我的心，你不懂我，我真的好难过。"

"情况都这样了，我不说你应该也会发现吧？"

关系越是亲密，就越容易有这样的期待或越容易因此感到失望。明知道对方无法接收到自己发出的信号，但还是希望他能像通灵般看穿自己，了解自己的需求。

人心并没有单纯到能够靠推测就被看穿。一个人的心其实是人生的缩影，我们自己都很难了解自己的心了，又怎么可能轻易揣测他人的心思？如果照自己的想法揣测他人，关系便容易破裂。

26岁的小学教师韩艺蓝，跟交往3年的男友一起出去玩时感到十分快乐。男友目前还在读大四，学业几乎满分，找工作也非常用心。在这样的情况下，他们还是约好每周六要出去玩，不过最近男友已连续4周找借口推迟约会。

"无法经常见面，心的距离也会越来越远吧？"

"就算要读的书再多,一周也应该为了我抽出一天的时间吧?真的让人很难过。"

"不管再怎么忙,连续4周推迟约会,肯定都是因为他没那么爱我了。不,是他根本不在乎,他这么不遵守约定,肯定是个不负责任的人。本来想说他很诚实、很真诚,未来想跟他结婚,看来是我看错人了。"

女生的感觉成了坚信,并且以此来判断对方的人品,她认为男友的心是自己能够掌握的。甚至还找身边的朋友商量,想确认"这是否可以提分手"。

"我觉得我对你的信任被动摇了,我们分手吧!"这是她想说的话。

而男友金志勋的状况则是这样的:女友有稳定的工作,其父母在经营大学入学考试补习班,一家人住在蚕室48坪(1坪约3.3平方米)的住商复合公寓;志勋从外县市来首尔读书,住在4坪大的套房里,高中时爸爸去世,由妈妈独自务农抚养长大,所以现在也要打工赚取生活费。

就在上周,志勋的哥哥出车祸却筹不出交保的金额,现在正被羁押在看守所。志勋没有告诉妈妈,而是独自寻求免费的法律咨询,前往面会哥哥后更去找车祸受害人,并下跪求对方原谅,每天都过得很绝望,也无法开口告诉女友这些事。面对不问究竟是什么情况,只顾着生气并单方面提分手的女友,他感到很难过。

志勋收到短信之后,终于忍不住哭了出来,接着他回复:"对,艺蓝,我实在配不上你,放手对我们两个都好,我这样子实在不该继续跟你交往,对不起。"

收到回复的艺蓝相当失望,更确信自己的读心术没错,甚至因而崩溃。郁闷、愤怒、委屈瞬间涌上心头,更气狼狈落魄的自己。两人就这么分手了。如果艺蓝更具体地对志勋描述自己的感受,并且努力倾听他的想法,事情会怎么样呢?志勋的处境虽然很艰难,但若能鼓起勇气对女友说明自己的情况,请求女友谅解,事情又会如何?

我在咨询的过程中,经常遇到这种拼命用读心术,最后导致分手的情侣。明明彼此都不想要这样的结果,却因为自己的猜测而导致误会,并将误会当成真相,犯了"认知错误",最后中断人与人之间的联结。

进入社会、建立人际关系时,都应该更直接地向对方表达自己的想法与感受,也要问问对方的心情,让对方有亲自说明的机会,这样关系才能够持续。

在这家公司就职已经5年的朴代理,总在公司施展读心术。"组长总用不满的眼神看着我,所以每次组长在读我写的报告或我站在他面前发言时,总会让我特别在意他的反应。他的眼神总是很不满,应该是不喜欢我吧?他以为自己多厉害?总是无法从心底认同别人,只会找碴,他真的太瞧不起我了!"

朴代理用组长的表情来推测他对自己的想法,并认为组长是个"讨厌的人"而远离他,在组长面前总是会有保护自己的发言或举动。其实依照自己感觉揣测他人心意的这种读心术,是自我内心的投射。虽然想做得更好,已经做得非常认真,但组长不认同这一点，因而心生怨怼。担心在鲜少称赞自己的组长面前发言会被找麻烦，若没有如预期般获得称赞就会感到愤怒，也因为工作没有获得回报而泄气。也可能是因为自己讨厌组长，却觉得组长讨厌自己而生气。

之所以会认定他人"内心是这样想的"，其实可说是自我内心的映照，这在精神分析理论中称为"投射"。当然，也有很多人透过贬低、不满意的表情让他人受伤。建议还是要检视事情的全貌，确认（起因）是否（在于）自己将不安的心情投射在他人身上导致认知上的错误。

不说话无法解决问题，请鼓起勇气说出真心

如果感觉对方对自己不满、远离自己，或是自己对对方有些埋怨，觉得被误会而感到委屈，那在远离对方之前应该先检视两件事：

第一，思考是否将自己的情绪投射在对方身上。

第二，鼓起勇气询问。

"前辈，我最近总是感觉有点不自然，请问我有没有做什么事情让您不开心吗？如果有犯错请跟我说，我很担心是自己误会您的意思，所以才鼓起勇气询问。"

"敏赫你是个幽默又有活力的人，我也很想跟你维持良好的关系，但你的玩笑有时候会让我觉得不舒服，我可能是比较不喜欢玩笑的人，很死板吧？没有别的原因，请不要担心，有时候我

很羡慕你开朗的个性。"

人的喜好都不一样,讨厌跟喜欢的东西也不同,如果是经常见面的人,就应该要知道对方讨厌什么,会对什么很敏感。**注意对方讨厌的事物,比做出让对方喜欢的事更重要**,这一点用读心术很难察觉。如果先鼓起勇气坦白自己的感受,再问问对方的想法,对方也会以真心回应,因为误用读心术而差点疏远的关系,就能变成对彼此抱歉、感激的心情。

48岁的金世熙经营一间精英补习班,补习班的主任必须善于电话咨询、接待客人,才能让教师专注于上课,但上课时间常无法在6点准时结束。再加上该名主任已经连续好几天都6点准时下班,连10分钟都不能等,导致后续的整理也要由世熙一人负责。今天又晚了10分钟下课,世熙出来一看发现前来咨询的客人独自在大厅等待,而主任又已经下班了。这已经是第三次了,世熙感到相当荒唐、烦躁且厌烦。几天后就是发薪水的日子,她很烦恼到底要不要叫主任别再来了,她也对选错人的自己感到愤怒。

现年39岁的主任杨正恩的情况是这样的:10岁的儿子是二级智能障碍,如果就读特殊学校,教师就能帮忙照顾孩子到下班时间,这样她就能继续上班。至于经营便利商店的老公则必须到晚上11点,才能跟来上大夜班的学生交班回家。可是最近照顾孩子的教师突然辞职,实在找不到人代替,她只能6点准时下班才能刚好接孩子下校车。那是个独自一人就什么都不能做的孩子,她也很担心要是说出自己的孩子有智能障碍,会在职场上遭遇一些问题,因而没能说出口。

世熙在吃完晚餐稳定心情之后，才鼓起勇气打电话给正恩。

"主任，你吃完晚餐了吗？第一个月工作应该很辛苦吧？你最近家里有什么状况吗？看你都急急忙忙下班，感觉好像家里有什么事，让我很担心。"

"院长……真的很对不起，我的状况有点紧急，所以才会急忙下班。虽然很担心您会生气，但我也真的没有办法。其实……"

"天啊，你怎么都不跟我说呢？这样你应该很慌张吧！我不是那么小气的人，我也是有孩子的人，当然懂这种心情，你应该把事情告诉我，看是要请假还是早退啊！"

"补习班只有我一个员工，院长您最近也很忙，要是我不在该怎么办？我可以上班到6点，所以就一直等您到6点下课。我真的很努力不造成您的困扰，真的很抱歉。"

"你的状况这么紧急，还记得要担心我，真的很感谢你，我差点就要误会你是个没责任感的人了，你明明就这么负责任！从明天开始你就5点30分下班吧，若有必要可以更早下班，只要先跟我说就好。我读大学的女儿现在刚好放假，叫她来帮我，顺便赚点零用钱。"

"我应该要早点跟您说的，太感谢您了，我绝对不会忘记院长的好意，会更认真工作的。"

鼓起勇气说出真心话并不容易，但练习过一次、两次之后，就会知道效果意外地好。通常对方还会更感到抱歉，反过来对你更好。不说出来对方就不了解自己的心情，请试着鼓起勇气询问对方的心情，并说出自己的想法吧！肯定会感觉关系变得更加紧密。

比起隐忍，"说出来"才能表达感受

优柔寡断、无法做决定、不会表达意见、令人烦躁的个性……总会有人这样抱怨别人。但其实没有人的个性是"令人烦躁"的，要是知道对方是因为什么而犹豫不决，就能够成为一个"善于表达"的人。

每到需要做决定时，我总会感到不安且吃力。分发下来的工作我都做得很好，但我对必须自己推动的工作却很没有信心，要做决定也会让我感到不安。还不如有人来对我下指示说"你就做这个"，我还比较开心。这样的自己让我很有压力，也非常烦躁。

这样的你，应该会觉得自己是个优柔寡断、胆小又烦人的人吧？但仔细观察这一类人的内心，就会发现他们心中其实充斥着想把每件事情都处理到完美的强迫与不安，无法接受自己犯错。即使做了99%的好选择，但只要有1%的失误，就会把那1%放大，这也是一种思考的习惯。建议平常就试着对自己说：

"我相信我的选择。"

"我总是会做好选择。"

"过度谨慎反而不容易成功。"

犯错的时候可以这样说：

"怎么可能每次都做得很好？"

"通过这次的错误而有所学习。"

"下次可以更好！"

我很不了解自己，不知道自己喜欢什么、想做什么，总是觉得欲求不满，我也觉得这样很烦。仔细一想，不管是在公司还是跟朋友见面时，我总是不会表达自己的意见，让周遭的人感到很烦躁，我好像有表达个人意见的障碍。

你是因为不了解如何掌握、表达自己的喜好与想法，若小时候在表达个人情绪、需求时，没有从父母身上充分获得"同理沟通"的经验，成年后就会经历这样的困难。其实韩国一直到近年来才开始导入情感训练、同理对话法到子女教养方式中，所以我们几乎没有机会从父母那里听到下列问题，更没有办法展开这样的对话：

"你想要什么？"

"你可以告诉我现在是什么让你难过吗？"

"你想做什么？"

"直接告诉我你的想法。"

"我们要怎么帮你？"

养育者若能亲切地向无法表达自我意见的孩子说这些话，就能够帮助他们成长为善于表达个人想法、坦率表达个人情绪的人。

遇到必须做决定的状况、必须回答的状况，总会让人感到不安与紧张，这时请暂停一下感受"自己的需求"，平时就多接触一些表达情绪的词汇也会有帮助。上文中的这位提问者明确地说他是因为"欲求不满"而感到不愉快,他已经掌握自己的问题了。如果因为自己的需求没能表达出来而是留在心里,因而让你感到郁闷,那就练习具体表达自己的需求吧!掌握自己的想法及需求,并且说出执行这些需求的话,请试着练习写下来:

①现在心理的需求。

(例:我想要做某事,我希望那个人怎样对待我……)

_____

_____

②执行需求的"现在式"句子。

(例:我为了我想要的……而……)

_____

_____

表情、眼神、动作，比语言更能透露想法

美国前总统奥巴马是知名的沟通大师，各位还记得他在 2011 年亚利桑那州枪击案追思会上的演说吗？他在提及年仅 9 岁的罹难者时哽咽，停了整整 51 秒强忍住自己的情绪。努力忍住眼泪的悲戚表情，以及含着泪水的眼眶、轻轻拭去泪水的手、抽泣的声音，比起 100 句用于表达悲伤的话，更容易给人留下深刻的印象。这场演说让全世界意识到，奥巴马是位与国民感同身受的总统、善于沟通的总统、人格温暖的总统。他优秀的领导力是出自他的沟通能力，而这样同理与沟通的能力，也让他能顺利完成第二任的总统任期。

我们总认为沟通的核心是"语言"，也就是声音语言，所以很多对话术有兴趣的人，都会去说话补习班接受指导，**但其实非语言比语言更加重要，非语言是指表情、眼神、肢体动作。**根据美国社会学家艾伯特·梅拉比安（Albert Mehrabian）的研究，在与他人沟通时造成影响的因素中，语言占 7%、视觉信息占 55%、听觉信息占 38%。说话的内容固然重要，但与内容相应的表情、眼神与肢体动作，在交流与同理的过程中更加重要。

我曾跟几位医生朋友分享有关"非语言"的对话。外科主治医生在手术结束后，都会看看患者的表情，了解其疼痛与状态。因为神经麻痹而导致无法做出表情的全身麻痹患者，仍能用眼神对医生传递信号。精神科主治医生会仔细观察患者的表情、眼神与肢体动作，因为心理状态会通过表情与肢体动作展现出来。

由于人们都专注在声音语言上，所以常常忽略表情、眼神、肢体动作等信息，但一定要记得，其实对方的大脑会串联语言信息、非语言信息，全方位解读信息。人类所感受到的7种主要情绪是"喜悦、惊吓、害怕、悲伤、愤怒、厌恶、关心"。脸部表情具备能细腻表达这些情绪的能力，我们能够通过瞳孔、眉毛、嘴巴、脸部肌肉，细腻地表达数十种情绪。我们真的能够完美地掩饰情绪或演绎不属于自己的情绪吗？由于我是会通过表情泄露情绪的人，所以即使努力掩饰情绪，也会被对方发现。从科学上来看，情绪的确会透过非语言信息透露出来。汗水也是非语言情绪的一部分。一个面无表情却冷汗直流的人，会让人感觉到他紧张且僵硬的心理状态。眼泪也是一样，试着想象一个面无表情却不断流泪的人是什么情绪，应该能感受到凄凉、深深的绝望、凄惨等情绪吧！气色也会透露我们的情绪。即使是嘴上说着"我可以控制自己，不透过表情展现情绪"的人，还是会被他人发现自己想要掩饰的行为、被他人揭穿自己撒的谎，或是遇见自己不想遇见的人时，脸色会变得苍白且很难控制。

经常使用表情表达意见的人，就是不用声音语言的手译员。不仅是韩国国内36万听觉障碍人士，一般不懂手语的人也都会特别注意到手译员,尤其在报道"二一九新型冠状病毒"现况的电视新闻当中,很多人都会对大家都戴着口罩,唯有手译员不戴口罩的景象感到讶异。

手译员之所以显眼,是因为他们的表情。他们不只有手很忙,就连嘴巴、眼神都会快速变换,尤其他们的表情十分丰富,能够完整地传达情绪。笑的表情、皱眉的表情、惊讶的表情、生气的表情、吓到的表情、摇摆的头、嘴唇的模样、紧皱的眉间、身体转动的方向,都会使手语的意思不同,这些表情与肢体动作称为"非手指记号"。手语由手部动作语及非手指记号所组成,所以手译员才会为了以表情传达信息而不戴口罩。

虽然人们因为电视上的疫情报道而对手语更加熟悉,但也有许多非身心障碍人士表示,防疫指挥官在简报时,一旁手译员过度夸张的表情和手一直动来动去的样子,让他们实在无法专心,主张若是为了听觉障碍者,那用字幕反而更能传达正确的资讯。不过无声的字幕无法表达语气,必须要用包含表情与肢体动作的手语才能完整传达信息。**越是危急情况,沟通就越加重要**,这也是为什么即使有字幕仍需要手译员。

和他人对话时,表情也很重要

孩子们精神上最幸福的时刻,就是与妈妈用表情进行交流的时候,孩子做出的表情会随着妈妈的表情改变。人类会通过"镜像神经元"接收、传递表情语言,镜像神经元会复制自己心中的镜子所映照出的对象。我们不是常说家人或好朋友都会长得很像吗？这正是因为镜像神经元把我们与他人联结在一起的缘故。

在做肢体接触时，我们的大脑会分泌爱的荷尔蒙并感到幸福。用MRI（核磁共振）扫描会发现，只有会群体生活的动物才会分泌爱的荷尔蒙，独立生活的动物不会分泌这样的荷尔蒙。当肢体接触、用表情互动、对话时，就会分泌爱的荷尔蒙，女性会分泌催产素，男性则会分泌抗利尿激素。若和人有肢体接触或透过表情互动、产生共鸣、交流时，大脑就会感到幸福。表情在与对方共鸣、交流时扮演相当重要的角色，若无法看到对方的表情，交流就会出现问题。**尤其是男性无法敏锐地察觉女性的表情，所以在体察对方情绪时总会比女性迟钝**，特别是青少年在这方面的能力更差，所以才会看不懂母亲的表情，无法做出呼应其理想的行为，母亲则会因为儿子的反应而难过。

我们会通过镜像神经元感受到对方爱自己，也会感受到对方讨厌自己，在这个过程中也会出现错误。当自己越爱对方时，就会感觉对方越爱自己；自己越讨厌对方，就会感觉对方越讨厌自己：这是类似镜射的反应。所以如果听到类似"感觉你好像在无视我""你对我很冷淡"等发言时，很有可能是对方的镜像神经元因为你的表情而做出了反应。

让对方更强烈地感受到幸福或污辱的并不是语言，而是非语言，也就是表情、眼神、肢体动作。约翰·高特曼教授花费40多年，分析夫妻之间的压力信号、肢体动作、表情与声音等，他发现如果夫妻经常用有些轻蔑的表情看着对方，那很快就会导致离婚。

要不要试着回想让自己受伤的表情？漠视的表情、批评的表情、蔑视的表情、嘲笑的表情、无话可说的表情、感到失望的表情、焦急的表情、不耐烦的表情……接着站到镜子前面，试着做出自己列出的表情，会觉得很自然吗？还是会觉得有些尴尬，脸部肌肉僵硬无法动弹呢？如果是后者，那就表示你在沟通时总是会为他人着想；如果是前者，则表示你平时与他人对话时，会下意识地经常做出这样的表情。如果想和对方好好相处，那请改变你的表情，这样对方大脑中的镜像神经元也会有所回应。

如果是面对完全无法沟通的人，那请一定要看着对方的脸进行对话，因为比起面对面说话，单纯用文字沟通更容易引起误会，沟通时的表情、眼神、肢体动作，在传递言语所无法传达的信息上，皆扮演着非常重要的角色。

别把抱歉挂嘴边，多使用正面词汇来对话

如果想明确表达自己的意思，并引导对方做出"正向的回应"，就需要有技巧的对话。若希望获得正向的回应，首先必须使用较多正面的词汇，和朋友见面聊天、开会时，可以试着录音回家听听看。了解自己平时经常使用的是正面还是负面的词汇，将会对对话很有帮助。

"抱歉"的陷阱

几天前我到外县市的公司去演讲时，来接我的人跟我说的第一句话是："您好，请问是朴相美老师吗？百忙之中让您一大早就出发来这里，真是抱歉。"

"抱歉"在字典上的定义是"歉疚到让人有罪恶感"，很多时候并没有"歉疚到让人有罪恶感"，但我们有经常把这个词挂在嘴边的倾向。和经常讲"抱歉"的人对话时，也经常必须用"没有啦，不需要抱歉"等负面的回答来展开对话。尤其初次见面便使用大量的负面词汇，会使对方的心情变得很沉重，一直听到

"抱歉"这两个字，也会让对方感到抱歉、不自在。让我们试着换成下列这种方式吧：

员工　不好意思，请问是朴相美老师吗？初次见面，很高兴见到您，我是代理罗多韵，真是感谢您百忙之中远道而来，我们非常期待今天的演讲，请多多指教。

朴相美　我才要感谢你们邀请我，我也很期待，我会尽力的。

用了很多正向的词汇，是不是有更正面乐观的感觉了呢？当然也有一定要使用"抱歉"两个字的情况，但我们经常在有很多词汇能够替代的情况下，不假思索地将"抱歉"脱口而出。**跟负面的词汇相比，使用正面的词汇才能让人感到轻松，也才能创造正向的关系与能量。**

请大家记得，"抱歉"听起来像是一句有礼貌的话，但其实是会"对自己造成损失"的一句话。

用"正面词汇"来换句话说

当我们在拜托他人时，经常会以"真的很抱歉"这样的话开头。

"真的很抱歉，请你把会议资料寄给我。"这时候，不加上"真的很抱歉"也可以非常有礼貌地拜托对方，请依照范例，一起来练习吧！

错误　真的很抱歉，请你把会议资料寄给我。

范例　能拜托你吗？如果能把会议资料寄给我，我会非常感激的！

练习：＿＿＿＿＿＿＿＿＿＿＿＿＿＿＿＿＿＿＿＿

错误　真的很抱歉，能不能告诉我公司内的餐厅在哪里？
范例　不好意思，能不能告诉我公司内的餐厅在哪里？
练习：＿＿＿＿＿＿＿＿＿＿＿＿＿＿＿＿＿＿＿＿

不使用太多负面词汇固然重要，但把话具体说清楚也有助于引导对方做出正向的回应。

错误　部长，很抱歉，能不能跟您借用一点时间呢？
范例　部长，今天我的发言有一些地方没有说清楚，想再额外跟您说明，只需要3分钟，能跟您借用一点时间吗？
练习：＿＿＿＿＿＿＿＿＿＿＿＿＿＿＿＿＿＿＿＿

在不知道对方要求的情况下，我们很难产生正面的能量，可能会觉得对方带给自己压力，而人类的心理是一旦有压力就会想要逃避。故必须告诉对方"要做什么""需要多少帮助"，大致告诉对方自己需要的"内容"与"时间"，就有很高的概率获得肯定的回应。

发问时也是一样，若把重点摆在"解决方案"而非"掌握问题"上，对方就会更积极地提出良好的解决之道。让我们试着改写以下的句子：

错误 你最近成绩为什么一直下降？（掌握问题）

范例 如果想提升成绩，该如何改善学习方法呢？（寻找解决方案）

练习：_____

虽然现在不景气，但我们店的销售额真的下降很多，你们觉得问题出在哪里？（掌握问题）有一些店即使不景气，销售仍有提升，能不能调查一下他们的秘诀？（寻找解决方案）

我们一家人聚在一起就会吵架，到底问题出在哪里？（掌握问题）如果希望我们一家人聚在一起时能愉快对话，该做出什么努力才好？（寻找解决方案）

光是这样改变发问的方式，对方就能用正面的态度来看待这段对话。若发问时只想急着掌握问题而有些咄咄逼人时，对方就会采取防御的姿态，但若是以"寻找解决方案"的方式询问，对方也会努力提出有建设性的解决方案。

自以为的体贴，有时最伤人

40岁的未婚女性朴善英接到车子维修完毕的电话后，便前往汽车维修中心。负责人很亲切地跟她说："太太，车都修好了，您先生没有跟您一起来吗？"

"太太"这个字眼令她很不舒服，对方讲解费用时提起"先生"两个字也令人很不愉快。她深吸一口气，努力维持笑容，用温柔的声音鼓起勇气说："希望您可以称呼我为客人就好，您把报价单讲给我听即可，我听得懂。"

"好的，这位客人，零件更换的部分……"

46岁的金恩英来到手机卖场，一位20岁出头的青年过来向她介绍产品。

"伯母，这款是今天的活动商品，可以享有最多优惠！"青年在开始讲话之前，一定会加上"伯母"这两个字。虽然偶尔会听到别人这样称呼自己，但她总是觉得很不舒服。如果她在大学时就生孩子，应该可以生出跟这位青年一样大的孩子，但年纪并不足以构成她被称呼为"伯母"的理由，于是金恩英笑着说："不能直接称呼我为'客人'吗？"青年用"这个人还真挑剔"的眼神看了她一会儿，然后改口称呼她为"客人"。

不知道称呼顾客的规范当中是不是有"有年纪的女性一律称为太太"这种规范，以至于大多数的服务业从业人员都把太太两个字挂在嘴边。虽然字典里说"太太"是"老师的夫人""别人的夫人"或"年长者的夫人"，是一个尊称，但即使是基于尊敬他人而使用这个称呼，却仍是以"所有年纪大的女性都是某人的夫人"这种刻板印象为前提的，所以会让人听起来很不舒服。推测修理汽车这种事都是由男性负责，所以询问"先生是否同行"其实是一种失礼的表现。

"伯父""伯母"等源自亲戚的称呼也是一样，虽然有些人会很自然地认为这是用来称呼不特定对象时的词语，但也有不少人觉得这很不舒服。也并不是所有年纪大的女性都有孩子，她们有可能没有结婚，也可能即使结婚却因个人选择而没有生孩子，也可能想生却生不出来，更不希望人们使用的称呼带有"有年纪的男性与女性都有孩子"这种刻板印象。

就像未结婚的 40 多岁男性被称呼为"伯父"会不高兴一样，每个人在选择称呼时都应该要记得，所有年长的男女都有可能不是他人的配偶或父母，这样才是真正为他人着想的行为。**一定要记得，我们自以为的"体贴"，也有可能造成他人的不愉快或不舒服。**

别让自己成为善良的歧视主义者

没有合适的称呼时，就称呼对方为"客人"就好。严格来说，"顾客"加"尊称"在文法上也不正确。"顾客"本身即具备"尊

139

称来购物的客人"之意,后面不需要再加上任何"尊称"。如果想要更加尊敬地称呼对方,那称"先生／小姐"就好。

我母亲虽然年逾70,但走进店里时若听到店员称呼她为"奶奶",她会直接掉头就走。我朋友去银行买基金,听到负责人一直叫她"太太",觉得很不舒服,因而更换主要的交易银行。以上的事迹都能够证明人们其实对他人"称呼自己的用语"非常敏感。如果我在同理心教育课程上提起这件事,就会听到各式各样的例子。

"我家因为遗传的关系,只要超过40岁头发就会变成白色,我才45岁左右,但头发已经几乎全白了,听说染发对眼睛不好所以我没有去染,但每次都要听人家叫我'伯父'。我家老幺现在开始上幼儿园,为了不被误会我只好去把头发染黑。我想很多人大概是以为'伯父'这个称呼比'顾客'或'客人'更有礼貌吧!"

"我们社区里有间新开的水果店,有一次我去那里买了一箱的水果。年轻的老板弯腰鞠躬问候我,然后免费送我3颗超大的香瓜,跟我说:'伯母,这送给您的先生吃。'我因为觉得难过,就没有收下那3颗香瓜,然后再也不想去那间店了,因为我先生20多年前就过世了。现在听到别人提起我先生我还是会哭,也会觉得自己很可怜,要是先生刚过世的人一定会更难过。他直接说'这是送的,请您好好享用'该多好……"

还有,我们也需要慎选自己的提问。

"我结婚20年了,但孩子在3岁时因白血病过世了。有时候参加婚丧庆典等活动时,会遇到数十年没见的亲戚长辈,有些人会问：'孩子都大了吧？应该跟你一样，是个很会读书、很有成就的孩子吧？'虽然对方不清楚事情的原委，以为这些是善意的好话，但每次听到这种话都会让我很难过，进而不出席这类的活动。陌生人随口问我孩子几年级了、几岁了的时候，我也会觉得难过，虽然我知道他们并没有恶意。"

"有时候去参加家长聚会，气氛会突然变得像是联欢会，大家开始互称姊妹，开始改变对彼此的称呼。干脆叫'某某妈妈'我还觉得比较好，但大家对我说：'你是最娃娃脸的一个，应该是年纪最小的吧？姐姐们会好好照顾你的，你是哪一年进大学的？'其实我没有读大学，这种要揭露自己学历的事情真的让我觉得很丢脸，那天发现自己原来对这件事感到很自卑，之后我就不再参加聚会了。"

看完上述问题，各位应该觉得很头痛，不知道以后该怎么称呼对方，觉得干脆不要询问与家庭相关的私人问题。不过其实这并不难，**无论跟谁碰面，都只要称呼"对方本身"，并询问"跟对方自身有关"的问题就好**。请记得无论自己的立意再良善，问题都可能让对方感到不愉快。

适时称赞，能修复关系

称赞能够放大能量，让身体更健康，也能让受伤的心灵获得休息与力量。美国心理学家亨利·赫伯特·戈达德博士（Henry Herbert Goddard）曾透过利用肌力检测仪（在测试肌力工作能力的记录装置上所设的装置）的实验证明这一点。如果称赞、鼓励因疲劳而感到疲惫的学生，会使他们的能量立即上升；如果持续斥责，说一些令人失望的话，能量就会立即下降。成人也是一样，只要受到称赞就会更有精神，遭到批判就会变得萎靡不振。

有一种"称赞"方法可以表达自己的真心，并提升对方的能力。

称赞要具体，才能传达给对方

抽象的称赞，尤其是对他人形象的称赞，会让人感受到被品头论足的压力；如果对方是个自满的人，则可能使他更加自负。很多人在批评时都会说得非常具体，但称赞的时候却抽象且简短。抽象的称赞会让人怀疑"对方是真心的吗，还是只是说说而已呢"。所以我们应该要具体称赞对方的优点。

错误 在石真是没有什么不会的。（抽象的称赞）

正确 在石对很多领域都有兴趣，积极挑战的样子看了真的让人很开心，而且他也很会写文章、很会发言，企划能力出色又有幽默感，总是非常亮眼。很希望能在他身边多多向他学习。（具体的称赞）

错误 世浩是个懂得尊重他人、有礼貌的人。（对形象的评价，让人觉得应该回应这样的期待）

正确 世浩总是会听我说话，让我觉得受到尊重，也让我会想经常跟他聊天。（对具体行为的称赞，会赋予对方下次也要这么做的动机）

错误 李科长真不是普通的聪明，这次的企划很棒，也期待下次喔！（让人有压力，又会产生茫然的自负感）

正确 李科长写的企划可行性高，又有很多具体的范例，非常有说服力，是我看过的企划书中可排进前三名的。（具体称赞对方的努力，并提升他的自信）

错误 金代理的分析能力真是出色！（让人产生莫名自信的话）

正确 为了达成目标而专注分析的样子真让人感动，持续努力的样子真的很棒！（同时称赞行为与成就的过程，也让人产生要持续努力的动机）

斯坦福大学心理学系卡罗尔·德韦克（Carol Dweck）教授，曾经以 400 位纽约的五年级学生为对象进行智力测验，实验组的孩子们若把问题全部解开，研究人员就会以"真是聪明"来称赞他们的聪明才智，而对照组则会用"你真的很用心"来称赞他们的努力。

在第二次实验当中，实验人员让孩子们自己选择困难与简单的题目。被称赞努力的对照组当中，有 90% 的孩子选了困难的题目，而被称赞聪明的实验组，则有 66% 的孩子选了简单的题目。

第三次实验时让所有孩子都做困难的题目，对照组的孩子欣然接受，而实验组的孩子却感到挫折。最后再让他们做跟第一次实验难度一样的题目，对照组的分数比第一次测验时提升了 30%，实验组的分数则降低 20%。

这个知名的实验证明了选择针对具体的努力进行称赞，是能够刺激对方成就欲望与动机的思维模式。所以比起评价结果，更重要的是称赞人们提问与过程中所付出的努力。

错误 李代理，恭喜你升迁考试合格。你不是说很忙没时间读书吗？看来你应该是很聪明吧！比我想象中的还要厉害呢！（从自己的观点评价对方，"比想象中更厉害"不是称赞，而是透露自己"平时并不认为对方是个厉害的人"的想法）

正确 李代理，你应该没有时间好好读书吧，但还是努力地准备考试让自己合格，我比你更开心！工作这么忙，你是怎么准备升迁考试的，能不能跟在场的后辈们分享你的秘诀？（称赞对

方付出的努力,并提供对方分享成功喜悦的机会,拉抬对方的同时也让其他人产生动机)

错误 儿子,你终于拿到第一名了,看吧,我就说你可以吧!以前就是不够努力才做不到啦!(这不是称赞而是训诫,是在指责孩子过去不够努力,会让孩子担心如果下次没有拿到第一名,会被认为是懒惰的人)

正确 儿子,你一直以来这么努力,恭喜终于获得期待的结果了。居然缩短睡眠时间,还利用零碎的时间用心念书,跟自己竞争真的是非常辛苦也非常了不起的事。(让孩子充分感受到成就的喜悦,因为自己的努力获得认同,也会赋予孩子未来继续努力、继续体验这种喜悦的动机)

此外,也要具体称赞对方的行为会造成什么样的影响。

错误 这份报告很好,下次也拜托你了。(很抽象,让人较不能信任,也会让人有压力)

正确 报告加了详细的图表,一目了然非常好,主管会议上我们组也获得很好的评价。(让对方了解自己的努力造成怎样的影响、他人如何评价,具体地提升对方的能力)

懂得具体找出并称赞对方优点的人,也懂得如何真心接受他人的称赞。否则,即使自己被称赞或获得他人支持,也有较高的概率无法真心接受。这样的人会抱持着"对方只是说说而已"的想法,无法完全相信他人的说法。

那么，让我们来学习如何欣然接受称赞的方法吧！

欣然接受称赞时，也不忘表达对称赞者的感谢

"被称赞的时候我不会开心，反而会觉得有压力。明明是获得好评价，但为什么心里还是这么不舒服？"

很多人意外地无法大方接受称赞，通常都是比较没有自信的人会有这种问题，可能是认为对方并不了解自己真正的样子，或是觉得称赞中的"期待"与"评价"让人很有压力而感到不安，也可能是太以自我为中心，所以认为其他人在称赞自己时，都是在评论自己的形象与外表。

越是善于思考且经常受伤的人，就越需要多称赞，因为称赞有帮助伤口愈合、提升自信的效果。不过要称赞对每件事都抱持负面态度、自信低落的人其实并不容易。

"不要阿谀奉承，我要是真的这么好，还会活成这样吗？"

"没有啦，您过奖了，我这个人这么糟糕……"

如果遇到做出这种反应的人，称赞的人反而会觉得不好意思，**因为过度否定对方的称赞，反而会使称赞者没有自信。**

我们不善于真心称赞对方，在接受称赞时也不太熟悉该如何真心感谢对方、回应对方的好意。当有人真心称赞自己时，试着这样回应：感激地接受对方的称赞，并且说出对对方的感谢，试着把称赞自己的人捧得更高。让我们一起练习称赞及回应的方法吧！

称赞 相美，你最近穿的洋装真的很可爱，感觉更能衬托你的形象，这么漂亮的洋装是在哪里买的啊？

错误 这很廉价，我觉得超土的，明天开始就不想再穿它了。（让称赞的人觉得很没面子的回答）

正确 真是太好了，我本来还很担心会很土。我是趁网络特价时买的，被你称赞说很漂亮让我好开心。（让称赞的人开心的话）

称赞 老师，你看起来比我们上次见面时更年轻了！脸色也好很多，是不是有什么返老还童的秘诀？

正确 虽然比去年老了一岁，但被你这样一说我反而更有动力了。能跟经常称赞我的你见面让我心情很好，感觉我的寿命又延长一年了。（抬举称赞者的回应）

称赞 前辈，你过得好吗？每次见面时都觉得你容光焕发，连带也让我心情很好，成为像你这样出众的人是我的愿望。

正确 你说这些话让我很开心，如果能每天和你见面，感觉我的人生会变得更开朗。我口才实在不太好，真的很想学学该怎么说话，有没有什么方法能让我们经常见面？（抬举称赞者的回应）

真心接受称赞时，自己的反应就会非常重要。因为感受到对方真心的称赞，并以正向的能量回报，就会让对方不觉想称赞你。

本章中我们学习、练习了不少维系关系的同理对话法，而具备同理心的对话技巧需要通过学习、实践才会进步，使疏远的关系重新联结在一起，帮助关系恢复。请不要忘记，我们所有人都真心希望能够借助同理和交流将彼此串联在一起。

Chapter 3

锻炼内心，不再为关系所苦

◇ 我们应该"选择性地"接受他人的评价，这样他人才不能任意摆布自己。

◇ 懂得自爱的人能够安于现实，严重自我贬低的人则容易陷入失败主义中。

模拟对话情境并事先练习，内心就能更坚强

"我是否能主宰自己的心呢？"

"我的心站在我这边，对吗？"

在讲授关于心的课程时，我总会先丢出这两个问题。当自己不是心的主宰，自己的心也不站在自己这里时，我们就会持续看他人脸色，进而经常受到伤害。有人把醋滴到我的手背上，如果皮肤没有什么问题，那无论滴到手上的是水还是醋都没关系，也不会觉得痛，但如果我的手脱了皮或有小伤口呢？肯定会因为刺痛而不自觉地叫出声。心理上的疼痛也是一样，受到的创伤有多大，承受的痛苦就有多大。

"这只是一件小事，你干吗那么难过？这么玻璃心要怎么生活？"

"你太敏感了，我都不知道该怎么跟你说话，我真的没有要伤害你的意思。"

对方可能并不想伤害我，甚至也不知道他们伤害了我，更不会因此有罪恶感。即使知道他们伤害了我，也可能理直气壮地说他们并没有那个意图。我们无法因为自己所承受的"伤害的强度"，而单方面地责怪对方。你很容易受伤吗？如果你的情绪特

别敏感，那么心中可能有很多没有愈合的伤口。你自己很痛苦时，身边的人也得更小心，这让你无法与他人更自在地相处。如果希望有一段良好的关系，那么就要训练自己的心，**当内心的"肌肉"变得强壮，受伤的频率与强度就会下降**，这样一来就能保护自己，也可以成为能够把该说的话说出口且较不容易受伤的人。首先，来确认你是不是容易受伤的人吧！

☐ 开始一段关系时，会先害怕这段关系可能破裂。

☐ 认识新朋友时，很容易担心要是又受伤怎么办。

☐ 会解读并推测对方的每一句话、每一个行为。

☐ 如果对方晚回电话或消息，就会感到不安。

☐ 若跟曾经觉得亲近的人变疏远，就会有被遗弃的感觉。

☐ 当对方误会或批评自己时会感到慌张，在对方面前也会一句话都说不出来，之后又因此感到难过。

☐ 在他人伤害自己时，没能把该说的话说出口，事后会耗费更多时间自责。

请试着想想自己感觉受伤时的状况，并从现在开始试着说出自己的感受。只要经过练习，那么事情实际发生时，就能够好好表达自己的感受。所以现在就立刻开口说吧！

"可以给我 1 分钟的时间让我说话吗？你先听完我说的话再生气也不迟。"

"请不要对无辜的我发脾气，发生什么事了？如果有什么事情让你难过，我可以听你说。"

请试着像这样练习，果决地把感受说出来吧！

接下来请试着练习忽视。

"那个人原本就这样,跟他吵他会闹得更凶,不要理他就好!"

"幸好现在就发现他是这样的人,绝对不要靠近他,也别跟他说话!"

我们试着换个方法来应对这种情况吧!把自己想象成"能对无礼的人说出该说的话",然后反复练习应对的方法。虽然只是事后的练习,但之后再遇到相同的情况时就知道该怎么应对了。

在人际关系中,很可能会发生明明不是自己的错,却要被批评、被误会、被冤枉的情况,而那会让人感觉像世界末日。这是无法逃避的事情,但也并不是我们的错。

抛开自责与被害意识

负面情绪会随时间逐渐放大，尤其被握有权势的一方欺负时，遭受污辱与屈辱的感觉会膨胀成巨大的乌云，遮蔽自己的天空，会感觉别人都走在阳光普照的大道上，只有自己这条路乌云密布，或下着倾盆大雨。人们会陷入比实际情况更剧烈的情绪风暴之中，愤怒是能扼杀自我的可怕情绪，也是能让其他负面情绪迅速膨胀的酵母，能在最短的时间内使我们变成废人，因此绝不能被负面情绪控制。

每个人都会希望自己原本的样子能获得认同，却又容易感到不安，想要表现却没有勇气，越来越担心"如果大家讨厌我该怎么办"，并开始看他人的脸色，无法在需要的时候坚守自己的立场，进而怨恨逼迫自己的对象，开始埋怨自我。

"只有我被忽视。"

"只有我被讨厌。"

"只有我被欺负。"

"只有我受伤。"

这样会使得自己对对方的埋怨加深,也会一辈子受自卑与被害意识之苦。这辈子能够保护自己、爱自己的人,就只有自己而已。如果谁听完这些话之后觉得"心情舒畅多了,觉得好像该对自己负责,以后不会再花太多力气表现给别人看、博取他人的欢心了",那就会有人认为"人生真是孤单又寂寞"。这样的人就像是被负面情绪淹没,已经陷入泥淖中。

我们必须照顾好自己,看到那些好好照顾自己的人,你会觉得很不舒服,觉得他们很自私吗?造成他人困扰的自私固然是一种问题,但我们也需要在不影响他人的情况下好好照顾、保护自己。你不说,就没有人会知道你想要什么,即使彼此相爱,也很难达到这个状态。

《明心宝鉴·交友篇》提及:

> 相识满天下,知心能几人。

请大家记住,了解自己的人只有自己,始终都会爱着自己的人也只有自己。如果对他人有太高的期待,那就只会换来失望,自己必须聆听并接受自我的需求。人人都会有屈辱、羞耻、愤怒等负面情绪,这是活着的证明。人生在世,每个人都会受到伤害,但感觉受到伤害时的应对方法却各自不同。

自尊感高的人不会受他人的言语影响,但自卑且有被害意识的人,则会一直注意别人说的话,且反应十分敏感。

培养并守护自尊感

培养自尊感、守护自尊心，才能够让我们不随波逐流，完全地保有"自我"。我曾走遍全国各地，以6万多名服刑人员为对象进行心灵治疗教育，过程中自然也见到了因暴力、杀人而入狱的服刑人员。听完他们的故事，会发现他们杀人或施暴的最大原因，就是"无法忍受屈辱感"。

"对方无视我，真的太伤自尊了，这让我很受不了。"比起金钱或是名誉，这些人更会因为自尊心受伤而赌上自己的人生去拼。这也表明许多人会因为自尊心受伤而失去理性。

自尊心是"不需屈服于他人，能够让自我维持格调的心"。有自尊心的人会以正面的态度评价自己的价值、能力、适应性，健康的自尊心会成为生命的能量，能帮助我们拥有承受屈辱的能力、跌倒后再次爬起来的能力。具备健康自尊心的人，就能够培养出自尊感。自尊心虽会受他人评价影响，但自尊感却无关乎他人的评价，是尊重自己的心。无论别人说什么，完全不在乎金钱与名誉，只想坚持自己原则的人，就是高自尊感的人。

在精神分析当中，自尊心是指维持自我与超我平衡的状态，若没有自尊心，人就会陷入忧郁的状态。**低自尊心的人容易被他人说服，容易贬低自己，也容易感到自卑。**

韩国人通常会在与他人的关系当中，因自己的价值被贬低而意识到自尊心的存在，甚至有不少人将维护自尊当成跟生命一样重要的事。而每个人在面对自尊心受伤时，所使用的应对方式也有巨大的差异，自尊心极强者可能会采取暴力、伤害等非理性的行为，此外也可能使用各种不同的方式报仇。

相反，也有不少人以健康的方式守护自尊心，这些人也能够培养出自尊感。从这个角度来看，东方人的自尊心其实是自尊感的基础，也因此，"抛开自尊心，培养自尊感"这句话，其实并不适合东方人的想法。

摆脱"煤气灯效应"

比起双方平等，在人际关系中权力通常会特别倾向某一方。无论在哪一种人际关系中，都会因为不对称的权力分配，而出现某人想掌控群体的"煤气灯效应"。所谓煤气灯效应，是指操控事件让对方自我怀疑，进而失去判断能力的情感操纵手法，也可以称为心理支配、心理操控、奴隶化。有时候加害者不会意识到自己对他人产生煤气灯效应，也有不少情况是被害者本身没有认知到自己被操控。

若持续受到操控，被害者就会认为自己是没有用、无能的存在，进而顺从施展煤气灯效应的人以维系这段关系，这是暴力与虐待麻痹了人的认知能力所致。我曾经为一位煤气灯效应的受害者提供咨询服务，她是在小学六年级时被比自己大 14 岁的家教老师性侵。经营餐厅，总是深夜才能返家的父母亲非常古板且令她害怕，受害的独生女总是独自待在家，家教老师会为她解决课业、生活上的烦恼，自然成了如精神支柱般的存在。家教老师与这位少女组成秘密同盟，让这位少女无法结交其他朋友。

某天他提议要脱掉衣服休息后再继续上课，他洗脑这位少女这种行为是出自喜欢。一直到高三，上家教课时少女都会依照家教老师的要求去做，且因为害怕被他人知道这件事而不敢摆脱老师的掌控。罪恶感与羞耻心使她想寻短见，但同时也已经被训练成要服从家教老师，并认为与家教老师结婚是理所当然的事。到了大学三年级时他们结婚，并一起生活了15年，如今她已经40多岁，希望可以认识新朋友、谈一段健康的恋爱，但没有能够放心倾吐心事的对象，也没有信心融入社会，没有自信能独立完成任何事。虽然想离婚但没有信心能独自生活，也感觉到或许就这样继续服从反而比较好。

这个例子虽然很极端，但我们的确经常能在性暴力被害人、家庭暴力被害人当中，发现受煤气灯效应影响的例子。**想借由不对称的权力控制他人的煤气灯效应，会出现在恋人、家庭、朋友、同事关系之间，通常是能言善道、个性强势的人，会依照自己的意志控制较为温和的人。**

受约会暴力所苦，却说"他不会做我讨厌的事情，会听我的想法，真的对我很好。他不是坏人，只是因为爱我、不想失去我，所以才想成为我的主人"的女性；认为"小时候我就经常被父母打，常听他们说我因为做了该打的事情，所以才会被打，我可能真的做了很多该打的事吧"的青少年；说着"我的上司总是生气，因为我经常犯错，我觉得不要出意见，听上司的比较轻松，这样比较不会被骂"的上班族，都是煤气灯效应的受害者。这些都是持续受到控制,却没能意识到严重性的例子。这些认知能力逐渐麻痹的受害者,开始认为自己是无能的存在并顺从他人,希望维系这段关系。

如果觉得自己严重受他人影响,那就必须尽快重新设定这段关系的状态,不妨这样做：

①意识到对方不是协助者,而是"加害者"。

煤气灯效应的受害者都有个共通点,就是认知能力会逐渐麻痹,起初会经历一些混乱,认为自己不够好、总是犯错、应该受到指责、听令他人是理所当然等。而加害者则善于将自己伪装成提供协助的人,所以受害者才会被骗并慢慢遭到支配。加害者与被害者无法建立一段健康良好的关系,前者是为了把对方调整成自己理想的样子,会为了展现强大的威严,而对他人进行残忍心理虐待的煤气灯效应加害者。随着关系的延续,被害者便会无法相信自己能主宰人生,进而在不安与疑问中过着依赖他人的生活。加害者会不断利用这样的不安。只有当被害者认知到对方并非协助者而是加害者时,才会有摆脱此情况的可能。

②接受专家的帮助。

"我对自己的想法和判断没有信心",这是煤气灯效应受害者都会说的话。维持关系的时间一长,受害者就会渐渐失去判断力与自尊感。倾向依赖他人、无条件听从并相信他人的人,有很高的概率会成为煤气灯效应的被害者。遭受心理虐待的人,几乎不可能突然产生自信,积极地做出什么去改变现状,所以必须倾听冷静、有智慧的人对当前情况的客观判断与建议。

如果是夫妻或情侣，那就必须判断是否能重新设定关系，以双方对等的方式相处。如果不可能达成上述目标，那就必须果断做出决定，**绝对不能因为情分而过着没有自我的生活**。如果是父母或手足，那就只需要尽到最低限度的义务，在情感上保持一定的距离。如果是每天都要见面、一起工作的同事，就要果断保持距离，让彼此的关系变得对等，也可以寻求其他同事的协助。如果是朋友呢？那就切断这段关系吧！既不是血缘，也不像职场同事那样有义务合作，为何要执着于这段关系呢？这样的关系切断也无妨。

选择性地接受他人的评价

健康的关系应该尊重彼此，但有些人会压抑自己的需求与情绪，无论跟谁见面，都会把关系中的权力让给对方，接受他人的指挥。这些人有将"他人的评价与自己画上等号"的倾向，但他人的评价只是对方的主观想法而已，**我们应该"选择性地"接受他人的评价，这样他人才不能任意摆布自己。**

"你动作太慢了，赶快动起来！"

"相美，你的企划太没创意了，其他人在发言时你要好好学习。"

不要被这种话影响，请选择性地接受。重点是要客观地检视自己为什么会因为他人的话而动摇、受伤、自责、愤怒、悲伤，自己对他人评价与看法如此敏感的原因是什么。

"因为我不爱我自己。"

"因为我认为自己是个没有价值的人,对自己的评价过低。"

"因为我不尊重自己,自尊感过低。"

即使受到不好的评价,遭到指责,也试着用比较健康的角度来解读对方的话吧!即使被批评也没关系,试着培养从那些话当中找出能成为个人成长动力的能力吧!

"你动作太慢了,赶快动起来!"

我的选择 原来你觉得我动作很慢啊,其实我是仔细思考、谨慎行动。原来这会让人觉得我动作很慢。你是希望我可以赶快行动对吧?的确我不够敏捷,不过如果动作能够更快一点,对我也会比较好,我会努力看看。(听起来像在批评,但也可能的确是我的缺点)

"相美,你的企划太没创意了,其他人在发表的时候你要好好学习。"

我的选择 科长希望我可以多提出一点有创意的企划,让组员也认同我。我进公司才1年,的确是比不上前辈,其他人在报告的时候我应该好好观察学习,下次让他看看我的能力!(听起来像是在批评,但其实对我有帮助)

仔细思考,就会发现那些听起来像批评的话,其实都暗藏着对方的期待以及对自己有益的信息。为了自我的成长,针对能改善自己缺点的部分,选择性地倾听即可。

内心坚定，其他人便无法支配我

培养恢复弹性的力量

大家知道弹力球吗？就是往地上丢反而会弹得更高，体积虽小但弹性非常好的一种球。用力把弹力球往地板上丢，它会反弹得更高的那股力量令我非常惊讶，也让我非常想拥有这样的力量。

"恢复弹性"是指能够战胜试炼，恢复到原本的状态或成长得比现在更好的力量，也就是指心的弹性。恢复弹性高的人即使遇到挫折，也不会难过、悲伤太久，很快就会重整旗鼓振作起来。让我们一起来看看培养恢复弹性的要领吧！

第一，相信自己经历考验能够有飞跃的成长，也要接受考验是人生中不可或缺的一部分。我们不能一边怨叹"为什么只有我要经历这种事"，一边认定"我的人生很不幸"。

德语诗人里尔克（Rilke）曾说："我必须完成的考验有多少？"因此我们每个人都应该要帅气地完成被赋予的考验，并且从考验中成长。

第二，必须对未来有所期待。专注现在，对当下感到满足，能够从中找到幸福的人，也会对未来抱持着乐观的态度。担心与忧虑都是活在过去的情绪，若让担心与忧虑常控制自己的灵魂，那就会因为害怕而无法开启通向未来的大门。

第三，必须选择合理的思考、良好的情绪。当遇到负面的情况时，有些人能够接受情况的不合理，也有些人能够以具有建设性且合理的思考，选择正面的情绪与有意义的行动。

美国精神医师兼心理学家阿尔伯特·艾利斯（Albert Ellis）受斯多葛主义影响，主张"人类的不安不是源自事情本身，而是因为接受事情的方式"，进而研发出"理性情绪行为疗法"，这是一种心理治疗系统。艾利斯博士认为，即使是处在相同的负面状况下，人们还是会因为如何看待围绕自己与他人的世界、处世的哲学、对世界的评价与信念等，而以不同的方式接受一件事情，如果人们以不合理的方式接受当前的情况，那就可能会经历心理上的障碍。

人们都会有自我批判、愤怒、伤害、罪恶感、忧郁、不安、强迫、逃避、上瘾的倾向，但也能够培养出合理思考、选择正面情绪的能力。艾利斯博士所开发的模组，就是能够帮助人们培养出独立面对负面情况的方法。

A. 诱发事件（Activating Event）

B. 想法或信念（Beliefs）

C. 结果（Consequences）

人们若遭遇 A（诱发事件），体验过负面的情绪或行为等负面的 C（结果）时，就会将原因归结于 A，也就是会认为事情的发展是以"A → C"的方式进行，但其实 C 这个负面结果，是基于对事件抱持不合理的 B（想法或信念）而产生的。

同样经历 A 时，若 B 是不合理且负面的，那么自然会产生 C 的负面情绪与行为，因果关系为"A → B → C"。如果想改变事件之后出现的负面情绪或崩溃行为，就应该矫正 B（想法或信念）。

人们所抱持的"不合理信念"究竟有哪些呢？请看：

①我总是要完美演出赋予我的角色，必须获得所有人的认同，否则我就是个无能且没价值的人。

"没有一件事是我真正能做好的""我从来没有被真正地认同过""我是个没有价值的人"等等。上述想法，会导致不安、恐慌、忧郁、绝望、无价值等情绪。

②与我发展出人际关系的人，必须总是对我亲切、公平。对我不亲切、不公平的人就是坏人，他们必须受罚。

"居然忽视我！""想要报复那些忽视我、不尊重我的人。"这样的想法，会导致愤怒、报复等情绪产生。

③所有的环境都必须对我有利、让我感到安全，必须让我能够享受。如果遇到对我不利、不安全、让我忧郁的情况，我就无法承受。

"大家都过得很好，为什么只有我这么不幸？""没有人认同我的努力，我要离职！""与其活在这个不公平的世界上，不如死了还比较好。"这些想法会导致挫折、不自在、偏颇、愤怒、忧郁、逃避等行为。

我们之所以会经历情绪的问题，不是因为具体的事件，而是因为上述这些不合理的想法。让我们试着把上述的三种状况,转换成合理的思考吧!

①人人都会犯错,不可能总是得到认同。并不是因为犯错、没获得认同,就代表我是个没有价值的人,吸取的教训可以让我下次有更好的表现。

②人们怎么可能都对我很友善?遇到对我亲切又公平的人,真的很感激他们,我要好好跟他们相处。

③或许我遭遇的逆境真的很多,一定是因为我的生命有需要,所以才会发生这些事,克服这些逆境之后,我就能够有更大的成长。

这样的练习能培养出克服负面状况的"恢复弹性"能力了。合理的思考、选择正面的情绪是我们能够培养的能力,若你觉得自己的思考模式不合理且已经固化,那就试着创造更多与正面思考者对话的机会吧!**乐观的思考和话语能够提升彼此的自尊感,同时也能够帮助彼此成长。**

我们必须让自己的心远离信念不合理、对每件事情都抱持负面情绪的人,正面的力量具备强大的传染力,但负面力量的传播能力也很强大。

训练自己用"愉快的情绪"来排解愤怒

有些人只要坐到驾驶座上就会变得很粗鲁,很多人甚至会把平时说不出口的脏话挂在嘴边、批评他人、粗暴地开车,甚至还有不少人会为了报复开车时受到的委屈而酿成大祸。

平时经常压抑怒火，或是在人际关系上有被害意识的人，开车时会有比较粗鲁的倾向。车子是只有自己的私人空间，并具有匿名性，人们就会产生一种可以任意发泄情绪的自信，而且车子具备机动性与力量，人们会误以为自己好像也有了更强大的力量。

这时人们会受到"个人化的错误"的影响，像是有时候即使开转向灯，通知其他的车子自己要变换车道，也会遇到不愿意礼让的车子，有些人便会愤怒地认为对方"小看自己"。这种将对方不愿意礼让当成是小看自己的行为，是源自一种"个人化的错误"。觉得自己应该摇下车窗辱骂那个小看自己的人，或是做出报复驾驶等行为的想法，其实是来自"我应该严惩对方"的不合理思维。我有一次开车时，遇到一辆车没打转向灯就要换车道，导致后面的车子紧急制动，最后造成4辆车追尾的事故，经过联络之后保险公司的人到场，还花了一番工夫安抚因事故而惊慌失措的我。

"请不要担心，我们会调阅行车记录仪，并提供您必要的协助。"那是我这辈子第一次播放行车记录仪里的内容，才知道原来不只是录影像，连声音都会录下来。录像里我一边唱着歌一边开车，然后前车突然插进来，我便一边骂脏话一边紧急制动，整个过程都被完整地记录下来，看完之后保险公司的人比我还要紧张。

"小姐，您可以从这边把录音功能关掉。"他是第一个听到我那段脏话的听众,而我也是那时才发现原来自己很会骂脏话。那天之后我下定决心:"开车的时候不要骂脏话,让我惊慌失措、让我生气的每一位驾驶员,应该都是有其各自的原因才会如此。"

我甚至做了一张贴纸贴在车内:"那个人大概急着上厕所,先让他走吧!那个人可能已经拉在裤子上了,先让他插队。那个人考试要迟到了,先礼让他。"

这是用"愉快情绪"因应、解决愤怒的方法之一,虽然我无法随心所欲地改变状况,但能够改变心态。**与其对每件事都感到愤怒,辱骂每一种情况,不如用愉快的情绪面对,这样心情就会变好**,而且对情绪的疗愈效果也比骂人好上许多。

压抑怒火不容易,但可努力改善

《心经附注》与《论语》皆收录许多教我们压抑怒火、克制欲望的内容。朱子曾说:人们总是突然发火。孙权也曾说:能令人火大的事堆积如山。

所谓欲望就像一个深坑、一座池塘,其中流淌的肮脏污水会使人们变得污浊。掩盖欲望有如填平深坑;压抑怒火有如跨越高山。

如上所述,梳理自己的怒火与欲望对人类来说是相当困难的事,因此忍耐也并非绝对是好事。压抑的情绪可能会以更坏的方式对亲近的人发泄,也可能会使对方受伤,所以我们该做的不是研究如何忍耐怒气，而是在意识到自己"也有这样的一面"时，努力地从根本改变自己。问题在于我们若需要"跨越高山""填平深坑"，只靠一般的努力是很难做到的。

曾子也曾经建议人们每天反省自己3件事，以克制怒火与欲望："为人谋而不忠乎？与朋友交而不信乎？传不习乎？"意思是说人们要勤于"审视自我"。为他人竭尽全力、相信朋友、实践所学，否则就会变成一个经常生气、充满欲望与野心的人。

曾子这番话语和如下孔子的这几句话，也是同样的意思：

性相近也，习相远也。

过则勿惮改。

见其过而内自讼。

闻斯行之。

这4句话的意思是比起天生的本性，后天的努力更为重要，改正缺点时要果断，努力不让自己重蹈覆辙，得到教训后必须立即付诸实行。朱子也强调改正缺点时必须果断："迁善当如风之速，改过当如雷之猛。"

客观看待事情，别被情绪主导行为

检视自己的心

可惜的是，人年纪一大，自尊感也会跟着低落，自尊感一旦低落，便经常会埋怨他人，感到孤独与低人一等，同理的能力也会跟着变差。自尊感低落会使人陷入意图博取他人好感的状况，执着于名牌的人中有许多都是自尊感低落的人。我经常为经历莫大悲伤的人提供咨询服务，我们经常以为那些受伤越深的人越无法自己克服悲伤，但实际上并非如此，他们心中早已有克服悲伤的力量，只是自尊感低落时，内心的"肌肉"便会变弱，无法找到那样的力量。在家庭、公司中，如果至少有一个人能站出来陪伴众人，说一些提升自尊感的话，自尊感就会如传染般扩散开来，让周遭的人也跟着提升自尊感。

广泛用于社会科学研究的自尊感标准表中，有一种名为"罗森伯格自尊量表"（Rosenberg Self-Esteem Scale, RSES），是由美国心理学家莫里斯·罗森伯格（Morris Rosenberg）设计的，由10个问题组成。现在，一起来测试自己的自尊感吧！

完全不正确为 1 分，有点正确为 2 分，正确为 3 分，非常正确为 4 分。

① 我跟其他人一样有价值。

② 我有很多优点。

③ 大致而言，我认为自己是失败的。

④ 我能够像其他人一样把事情完成。

⑤ 我没有什么可自豪的事。

⑥ 我对自己抱持乐观正面的态度。

⑦ 大致来说我对自己感到满意。

⑧ 我希望可以更尊重自己。

⑨ 我偶尔会觉得自己是个没用的人。

⑩ 我偶尔会觉得我不是个好人。

总分计算

19 分以下：自尊感相当低落。

20—29 分：普通。

30 分以上：自尊感极高。

脑科学家主张，自尊感提升后对改善大脑健康也有帮助。但我们该怎么提升自尊感呢？不妨看着镜子，对着镜中的自己练习冥想。下列是对脑部健康有帮助的 4 句话，请各位大声念出来。**因为我们的大脑对声音最为敏感，如果能用自己的声音说出好话，大脑就会记得更久，会准备好去做这些好行为。**

- 我以正面乐观的思考代替担忧。
- 我总是选择良好的情绪。
- 我相信自己的选择与判断。
- 没关系,你已经做得很好了。

我把这些句子贴在房间、办公室、车内,并且随时朗读它们,然后心情就会真的变好,因为如果不用心照顾,我们的大脑就会自动地产生负面想法。

好记忆与坏记忆,哪一个会停留比较久呢?虽然近来专家的意见各不相同,但据说情绪越强烈的记忆会留存越久。根据美国心理学家迪克·蒂比茨(Dick Tibbits)所说,人类大脑接收负面情绪的强度是正面情绪的 1.4 倍,而坏记忆保留的时间是好记忆的 3 倍以上。

我们的大脑会把情绪强烈的资讯当成重要的资讯,并且将这样的资讯当成长期记忆储存。储存长期记忆的杏仁核会在感受到恐惧、无力时更为活跃,这时就会进化成为生存模式,并且将那样的情况以长期记忆的形式储存,因为大脑判断这样才有利于生存。

当然,好的情绪也会被当成是重要的资讯,因此我们必须让能抵消坏记忆的好情绪变成回忆,这样才需要提升自尊、练习寻找幸福。

人生是培养、恢复自尊的过程,而自尊是我们爱自己、满足自己、感受幸福的指标,自尊感低落的时候,我们就需要能帮助自己恢复的实践守则。

以恻隐之心看待讨厌的人，痛苦也会减少

如果因为自己折磨自己而感到痛苦，那么最先出问题的会是"同理能力"，变得对自己不满意，对他人也不满意，有时候会变得极度敏感，进入看什么都不顺眼的状态。近来心理学有许多与"怜悯"相关的研究，在照顾自己、维持人际关系顺利运作时，怜悯是不可或缺的情感。

怜悯的意思是"让人感到可怜的"，是一种同理他人痛苦的能力。怜悯可以帮助我们了解他人的心，并进一步采取帮助他人减轻痛苦的行为。如果想对他人怀抱怜悯的情绪，首先就要懂得自我怜悯，我们应该对自己宽容、鼓励自己、称赞自己，实践"自爱自怜"。

挑战失败而感到无力时，我们会这样批评自己："对啊，我能做的就只有这样，为什么我做的每件事情都会变成这样？"

而自爱自怜则是必须抱着怜悯的心安慰自己、同理自己："没关系，因为是我才有办法撑到现在，这是必经的过程。"

我们之所以会陷入痛苦，不是因为状况本身，而是被看待该状况的观点影响。遭遇困难时，我们会批评、责怪他人或是批判自己，但这两者都不好，尤其无法容许自己出错、无法亲切对待自己的人，也不可能宽容他人。所以，我们自己必须先实践"自爱自怜"。

"自爱自怜"能让我们对成长产生信任，也是促进成长的动力，可以使我们更真心地看待自己，也能让心更加宽大，拥有同

理他人的能力。试着想想升迁时机拖延、因业绩连续低潮而遭受指责、跟同事产生冲突而遭遇危机时，我们总是会启动责怪他人的防御机制或批评自己，自我批判会使我们否定自己的能力，也会阻止我们的成长。

要以"自爱自怜"为基础，内心的自尊感才会萌芽。我们能真心爱护自己，才能爱护、宽容他人。**懂得自爱的人能够安于现实，严重自我贬低的人则容易陷入失败主义**。懂得实践自爱自怜的人，能够以最现实的方式看待、接纳自己，成长的可能性也最高。

与其跟自己说"我没有资格休息，还不到时候，我要继续跑"，不如告诉自己"没关系，你很努力了，再加油一下吧"。

当我们对自己怀抱怜悯的情绪时，就能够以宽大的心去接纳那些行为难以理解的人，或是让自己痛苦的人，甚至能够提出这些人的好处，但其实真正享受好处的人是我们自己，怜悯就是如此有用的感情。实践自爱自怜的人能怜悯他人，也会对他人慈悲。

许多在人际关系上经历困难的人都会问我："我每天要看到那些让我痛苦的人、讨厌我的人，甚至是我讨厌的人，到底该怎么办才好？"

人人都会经历这种事，那个空间可能是公司、家、学校，或是军队。试着想想每件事情都会让你生气的人、瞧不起你的人、对你发泄情绪的人，那些人真的"很奇怪"对吧？其实那些人是"生病"的人。我经常听上班族说："上司成天觉得自己是对的，别人都是错的，开会或聚餐时也只顾自说自话，真的很讨厌，我快要疯了。"与其讨厌这些人，不如以恻隐之心看待他们。这些令人气结的人不懂得控制自己的愤怒，本人肯定也很痛苦吧？在他周遭肯定没有什么稳定的人际关系，想必很孤单。

不听别人说话，只顾自说自话的上司也是内心生病的人，世界上最孤单的病就是"倚老卖老"。那些没意识到自己倚老卖老、无法沟通的人，也不知道人们为什么讨厌跟自己来往、讨厌跟自己说话，他们非常孤单，只好一直自说自话，深入了解后会发现他们真的很可悲。

请不要生气，试着用怜悯的眼光去看他们吧！**当我们以恻隐之心看待他人时，大脑就会分泌幸福荷尔蒙血清素，使我们更懂得包容**。怜悯能够帮助我们敞开心胸，使我们感到幸福。若能以怜悯这把钥匙开启心中的大门，就能读懂对方的情绪，也能够看见他的痛苦与困难，届时我们的心便会跟着软化，受惠者当然是自己。

"正向思考"才能创造幸福

虽然有钱似乎就能获得幸福，但许多研究也早就指出幸福的提升与金钱无关。美国伊利诺伊州曾调查过 21 位中了 800 万美元乐透彩的得奖者，起初这些得奖者的幸福指数的确比邻居高很多，但一年之后没有什么差别。加利福尼亚大学洛杉矶分校的艾伦·帕尔杜奇（Allen Parducci）教授在"范围频率理论"当中，就主张经历过一次极端经验之后,情绪的反应标准就会改变,会对一些稀松平常的事情失去兴趣,也就是说,中乐透彩的人不再会因为一些小小的幸运而感到幸福。幸福来自微小且频繁的琐碎事物,美国心理学家艾德·迪纳(Ed Diener)教授曾说:"幸福并不是喜悦的强度,而是频率。"

幸福情绪与负面情绪,是大脑神经回路对环境做出反应后的产物,幸福取决于大脑的认知与感受到的刺激。若在旅行当天下雨,有些人会抱怨"真是倒霉,只要我要出门就会下雨",也有些人会以"雨天才有旅行的感觉"这种心态来享受环境。这是对相同环境做出不同反应的神经回路所创造的结果,即使在相同状况下,两个人的大脑还是会接受不同的刺激,做出不同的反应,这是透过反复练习而锻炼出来的习惯。

充满抱怨与不满或经常感受到幸福都是一种习惯。有的人经常感觉到微小幸福,是因为他们拥有一个即便受到微小的刺激,也能感受到幸福的大脑,幸福是习惯所带来的结果。

思考的模式也一样。负面的思考模式是最不幸的习惯之一,这会使我们自动产生不满与抱怨,所以想要诋毁他人时,不如就提醒自己试着练习转换思考模式吧!可以拿张纸把想法写下来,就能帮助我们更客观地了解自己的想法。

我们的想法会随习惯改变,若经常诋毁他人,这就会形成一个习惯,进而使我们无论面对谁都会自动产生诋毁对方的想法。会将对方的缺点放大,第一个想到的常是"那个人为什么会这样"。如果经常抱怨、感到不满,就会觉得所有的情况都对自己不利，也会觉得自己很委屈，但这样的感受并不是事实。我们应该培养正面思考事情、选择好情绪面对的习惯，这样才能拥有幸福。

如何摆脱忧郁及无力感？让自己动起来

中非与南非有一种名叫跳羚的羚羊，长得跟山羊十分相似。它们能以每小时 88 千米的速度奔跑，且一次跳跃能够达到 3—5 米。跳羚的特色是会成群结队地奔跑，一群跳羚的数量甚至可能达到上千、上万只。1893 年曾针对跳羚进行特别研究的学者们，就目击到这数量庞大的跳羚的移动景象。

一群跳羚一天可以行进数千千米，移动途中会跟新的群体会合，数量不断增加，最后形成数量超过 1 亿只的群体，而这庞大群体的移动甚至能将狮子踩死。不过跳羚的移动最后是以死亡终结，这个以极快速度前进的群体，最后会抵达海边的断崖并跃入海，据说当时跳羚的尸体沿着海岸线绵延超过 50 千米。

起初它们应该是为了寻找食物而开始移动，但数量变多之后速度也增快，为了不被踩死，跳羚们便开始比赛谁跑得比较快。它们忘记最初的目标是觅食，一心一意地只想竞速。跳羚因为无法停下来，最后只能落入海中丧命的悲剧故事非常触动人心。跳羚就有如失去目标与方向，汲汲营营度过每一天的我们。随着欲望越来越强烈，压力指数自然也会越来越高，当欲望强大但现实无法满足自己时，压力就会变大。想要逃避自己不愿面对的状况，而产生"逃避冲突"想法时，上班族通常都会想到"离职"，因为只要逃避，当前的烦恼似乎就能迎刃而解。压力一大就无法做出好的判断，所以我们会开始把能量转向逃避这个选项。这时我们该做的第一件事就是"处理压力"。

对成果有强烈的欲望，却无法得到处理该业务的应有资源，甚至没有人帮忙时，我们就会陷入倦怠中。如果再加上人际关系的问题，那么驱动自己的能量肯定会立刻枯竭。

做到3件事，克服压力与倦怠

①接触乐观的信息。

请跟曾经走在和自己类似的道路上，现在愉快地过着生活的人来往。首先要找的导师，就是不会提供自己任何忠告、建议、评价、判断，而是会充分聆听自己说话、懂得引导自己往理想方向前进的人。并不是成功经验多的人，就能成为可提供良好指引的导师。那些有很多失败经验，且能以这些经验为基础，持续往理想目标迈进的人，反而可以提供更多协助。

②散步与运动。

我也曾经罹患3年的忧郁症，约莫35岁时，曾经一心只想前进的我开始感到倦怠，同时还罹患了恐慌症，所以当时不仅去精神科咨询，也吃了好一阵子的药，但情况都没有好转。于是我开始穿上自己最喜欢的黄色运动服、穿上能让自己心情变好的红色运动鞋去散步，散步时还一边听着我最喜欢的歌。

我们的大脑会在三种情况下感到幸福：旅行、散步、运动。这三者当中，"旅行"需要时间与金钱，不是随时随地能做的事。虽然旅行最能让大脑感到幸福，但在无法旅行的情况下，我们的压力反而可能更大。

运动后血液循环到大脑，大脑就会进入最好的状态，也就是说，运动能改善大脑分泌物质。脑科学权威约翰·梅迪纳（John Medina）博士主张"身体要动大脑才会动，才能使脑部功能有所发展"。

哪些运动的频率与长度，对大脑最有益呢？频繁且每次一点点是最好的选择。**脑科学家表示，每周运动 2 次，每次 20—30 分钟，能有效锻炼大脑，维持健康。**运动时血液循环会变好，供应更多养分给身体里的组织，进而帮助清除体内的老废物质与毒素，有助提升身体机能。

运动时，流过大脑齿状回的血液会增加，促进神经细胞的生长，还能够刺激脑源神经滋养因子，帮助生成组织、促进大脑形成制造新细胞的神经，并产生许多有益的变化。

脑的神经细胞（将记忆、习惯、感情、智能、语言等精神作用转换为资讯的地方）会通过突触联结，随着神经细胞与突触联结的强化，受紧张、忧郁、压力所苦的海马回状态就能改善，帮助我们维持好心情。

运动也会使神经突触增加，使神经联结网扩大，促进海马回分裂新的干细胞，使大脑的功能变得更好。而压力荷尔蒙皮质醇一旦累积在体内就不太容易被代谢，运动是最能有效代谢皮质醇的方法之一。

连续 1 年，每天规律运动 20—30 分钟，大脑皮层的海马回会有显著的改变。海马回负责将短期记忆转变成长期记忆，在人体老化时它是最先退化的部位，只有运动能帮助人体分泌神经营养因子，这是帮助海马回产生新的神经细胞，促进大脑整体发展不可或缺的养分。

散步与运动都是不用花钱，只要下定决心就能随时开始的事情。散步时我们能与周遭的事物交流，运动时则能专注在自己的身体上。感受到肌肉增加、身材变化，会让我们产生强烈的快感，自尊感也会快速膨胀，**所以大脑在"运动"时感觉最幸福，也能够甩开更多的压力。**

请离开房间，跟好的导师、朋友见面，一起散步做运动吧！活动身体就能产生正向的能量。一旦身体的能量恢复，才能帮心充电，也才能找到自己理想的目标，获得再次出发的动力。运动不是一种兴趣，而是生存策略，不妨这样做：

- 结交与你追求目标相同、能相互鼓励的朋友。
- 每天确认彼此的状况。
- 建立小目标，一起享受成功的喜悦。

试着开始做"能唤醒自己，让自己手舞足蹈"的事。觉得音乐很吵的人，或许会觉得跳舞很无聊，但若了解音乐的细腻之处，肯定就能体会跳舞的乐趣。

③发呆、做别的事。

我们的大脑在"发呆"时能得到充分的休息，可以遗忘压力。如果连睡觉时也因为工作而产生压力，就会使大脑过载，让人想大喊"好想抛开一切逃离这里"。倦怠症并不是单纯变得无力而已，更会引发健忘症，使敏感的大脑受失眠与忧郁症所苦。

我们应该找些零碎的时间做别的事，像是在午餐后戴上耳机，一边听歌一边快走 10 分钟，跟同事以咖啡做赌注下棋等，都能帮助自己短暂摆脱工作压力。还有，**一周至少要有一次进行会动到身体的兴趣活动**，睡眠充足固然重要，但光是这样并不足以充电，应该动动身体，体验与工作完全无关的事情。

每个人都会产生忧郁情绪，但不能让忧郁停留太久。如果不处理忧郁，就会让人无法产生"昨天很累，今天也很累，但明天一定能好转"的乐观想法。当陷入深深的忧郁时，就必须尽全力帮助自己尽快摆脱这个旋涡。

练习活得像自己

说出并实践内心的想法

好好控制那些让自己不愉快的情绪，感受到不愉快的情绪时选择良好的反应，多多感受幸福的情绪。只要做好这几点，就能够每天都与身边的人愉快相处。

合理思考、选择好情绪等都是习惯，情绪并不是因环境给予的刺激而自动做出的反应，而是能由我们自行选择。我们每个人都有选择良好反应的能力，请每天练习从本书中学到的内容，将这些技巧变成一辈子的习惯。

我的大脑随时随地都准备好做出各种改变，因不愉快的情绪而产生的恐惧消失之后，其空位便可能由希望与幸福填补。只要每天都在日常生活中练习就好，虽然可以接受专家的协助，但我们也能独自练习。

如果想帮助自己恢复，那就需要"专注与控制"。我们可以专注练习控制情绪，以控制过去会自动做出反应的防御机制、个人的行为模式等。乐观与幸福都能够储存在我们的大脑之中。甘地曾说："先实行你理想的改变。"

我每天都会进行"自我实现预言"。这个名词由社会学家罗伯特·莫顿（Robert Merton）所发明，意思是"让预言与理想在现实中能够实现的社会心理学现象"。借着坚信自己的预言一定会实现，让自己的行为配合信念，进而促使愿望实现。这告诉我们，人的信念能够给行为带来影响。

若想放下那些自己不喜欢的言语与行为，选择自己理想的言语与行为，那就应该先认为自己的理想一定会实现，并把这样的想法写下来。请抛开那些负面的表现与词汇，只选择正向的词汇吧！不要用抽象的描述，而是以具体的言语和行为描述，且描述时必须使用现在式，可参考如下的范例：

- 生气时先暂停一切行为并专注调整呼吸，心情会变得平静。
- 每天都练习爱自己、称赞自己，了解自己是很珍贵的人。
- 以怜悯的态度看待那些使我感到不快的人，这使我的心情变得平静。
- 我每天都选择好情绪，这让我的心能够专注于平静。
- 练习专注五感，让我的心变得平静，也经常感受到好情绪。
- 遇到人时主动微笑，与人来往让我感到愉快且幸福。
- 每天都练习怜悯的情绪、感谢的心情、寻找幸福，真的很开心。

用这样的方式每天写 5—10 句话，然后每天都把这些内容大声念出来，把已经达成的句子删掉，然后再写下新的目标，但要注意不能超过 10 句。只要每天重复，就能让感知幸福的大脑部位持续发展，大脑会认知并记住重复的模式。我们自动说出的话与行为模式，都是由小脑负责处理，正向与幸福模式也都会储存在小脑中。每天早上、每晚睡前都要把这些话大声念出来，这样心情就会真的变好，并会发现自己真的照着这些话在行动。

我们必须好好掌控支配关系的情绪，每天都要练习体察自己的情绪，培养选择好反应的能力。如果不提醒自己要体察情绪，就无法拥有一段帮助彼此成长的关系。**虽然我们无法改变那些让自己痛苦的人所说的话及行为，却可以主宰并好好控制自己的情绪。**一起找出这样的能力，透过练习与实践让关系开花结果吧！

对自己发出正面的信号

我们可以提升自尊感，制造能创造幸福的记忆细胞。最不好的习惯就是"负面思考"。我们应该培养正面思考、创造幸福的习惯。负面经验在大脑中停留的时间会比正面经验久，所以负面的词汇、胡言乱语、脏话等都会记得更久。听到脏话时，大脑边缘系统中的杏仁核就会受到刺激，无论是骂脏话的人还是听的人，心跳都会跟着加速，进而使得理性麻痹，使负面情绪活跃起来。

高自尊感的人会用乐观的态度解读每件事，也会经常使用表达满足与喜悦的词汇。我们所说的话会对大脑造成影响，然而，情绪一旦陷入忧郁，就会常使用表达负面情绪的词汇，自然就会更深陷那些情绪之中，大脑会被负面词汇刺激，产生想停留在负面情绪中的强烈欲望。

曾经有个研究是将受忧郁症、人际关系问题所苦的人说的话录下来，再分析他们所使用的词汇。他们会下意识地大量使用"没兴趣""孤单""难过""感到自责"等表达负面情绪的词汇，而这一类的人也经常会用"绝对""明确""绝不""全部""总是""当然""无条件"等立场很明确的字眼，而这些字眼则会使我们的大脑变得负面。

大脑在使用正面词汇时，会使正向的基因活化，所以请试着经常大声讲出"舒适""满足""喜悦"等词汇吧！一开始虽然必须有意识地使用这些词汇，接着便会下意识地经常用到这些字眼。请试着经常大声念出能刺激正向情绪的词汇，大脑喜欢主动，而"看""听"都是被动的学习方式，所以应该以大声念出来的方式学习，因为我们的大脑最喜欢自己的声音。

试着将形容舒适及喜悦的情绪词汇列出来，光是想象好情绪，就能让大脑分泌幸福荷尔蒙血清素，如下：

宁静　舒适　平稳　从容　悠闲　幽静　平和　安全　踏实
柔和　和平　平安　多情　温暖热切　感激　可爱

满足　充实　有意义　满意　圆满　爽快　畅快清新　清爽
愉悦　喜悦　有趣　快乐　生动的　心旷神怡　轻松　舒畅
愉快　痛快　不虚此生　充满活力　理直气壮　朝气蓬勃
自由　兴致高昂　着迷　如置身云端

你现在感觉怎么样呢？各位现在正在体验以代表正面情绪的词汇来治愈自我的过程。当负面情绪涌上心头时，我想安抚自己，都会用开朗的声音一边朗诵这些词汇，一边想象这些词汇带来的情绪。我会录音并不断重播，会在上班路上听、在睡前播来听，这样就能持续将这些词汇输入脑中，它们会不知不觉成为我在日常生活中使用的字眼，我也会努力去感受这些情绪。我的心中充满正向能量，这些能量也会传达给身边的人，这么一来便会自然产生正向的人际能量。当负面情绪涌现时、自尊感低落时，就试着将这个方法当成帮助自己找回正向情绪的技巧吧！

一旦使用的语言改变，与自己对话的人所说的话也会跟着改变，因为言语和情绪具有强大的感染力。此外，提升自尊感，创造幸福的记忆细胞，也是因为自己的努力。

用姿势消除负面情绪

接下来让我们来学习行动的方法。试着想象令人头痛的考试终于结束，你回到家躺在床上，坐在高级按摩椅上，抵达度假胜地的饭店，坐在能看到大海的沙发上……请记住沉醉在那个当下，让自己感到最平静的姿态。不安、恐惧、烦躁、忧郁、愤怒等负面情绪涌现时，就试着摆出那样的姿势吧！

我在德国读书时，精神科医师就曾要有发言恐惧症的我摆出平时最让自己感到有力量的姿势。让我感觉最有力量的姿势是"老板的姿势"，就是舒适地坐在椅子上，脱下鞋子，双脚伸直放在桌子上，双手在脖子后面交扣，以一副傲慢的样子，像躺在椅子上般坐着，我通常会用这个姿势唱歌或听音乐。

哈佛大学商学院的社会心理学家艾米·卡迪（Amy Cuddy）教授，曾经针对"力量姿势"对身体与精神带来的影响进行研究，**结果显示双手高举过头，或是把双脚放在桌子上并靠着椅子坐等"把身体舒展开来的姿势"，有助于把无力感转变成自信**。即使只花5分钟的时间做这一类的力量姿势，也能使我们血液中的荷尔蒙数值出现剧烈的变化。实验曾在受试者产生负面情绪时采取他们的血液，并让受试者做5分钟的力量姿势后再采一次血液，两相比较后发现，血液中的男性荷尔蒙睾固酮增加，压力荷尔蒙皮质醇则大幅降低。

我们采取的姿势，会同时令身体与心理状态产生变化，这是日常生活中就能做到的行为治疗，在心理学中称为"体现"。不安、恐惧、烦躁、忧郁、害怕、愤怒等情绪涌现时，就试着运用体现的力量吧！

透过学习，提升自我

年纪越大，就越需要培养有效的学习习惯，这样才能提升自我效能。很多研究都指出，只要分析出相对较有效率的学习方法，这样即使投资相同的时间，也能让学习成果更有效率。以下将不考虑个体差异、年龄差异与学习领域的特殊性，仅就普遍的情况介绍"有效的学习方法"。研究结果指出，各界普遍认同最有效的学习方法是"练习考试"及"分散学习"。首先来介绍"练习考试"。如果你在准备证照考试，那么你该做的不是背下所有内容之后写考试题，而是好好读完教材之后，用自己的方法理解内容，这个过程称为"回想与再认知"。

实验将一群人分成两组，其中一组是"重复背诵并复习教材"，另一组则是"经过回想与再认知后，自行进行练习考试"，最后比较两组的学习结果，发现后者的学习成效至少是前者的 2 倍。

背诵能力会随着年龄增长而下降，但"回想与再认知"的能力几乎与学习者的年龄无关，与学习领域、考试类型、教材种类也没有关系，经过"回想与再认知后，自行进行练习考试的实验组"，在学习能力上有显著的提升。

"分散学习"则是完成不会让自己过于勉强的学习分量之后，经过适当休息再分次学习的方法，也就是"分配学习"的意思。用这个方法学习的人，其落实学习内容的能力，会比完全不休息一口气把所有东西学完的"集中学习"者高上许多。因为学习效果并不会只在学习的过程中产生，即便在休息中也能达成二次学习的效果。举例来说，比起一口气学习 4 小时，不如每次学习 50 分钟后休息 10 分钟，并重复 4 次来得有效。虽然是老生常谈，但实验结果也显示这种学习方式更有效。

真正的领导者，会在适当时机做决定

领导风范与自我效能成正比。过去为了解领导风范的真相，科学家们针对许多领域进行研究，但至今仍未能明确归纳出何谓领导风范，这是因为不同组织、不同情况所需要的领导风范各不相同。

领导风范是天生的吗？翻看学者的论文，我们可以得出"领导风范是后天学习所形成"的结论。许多研究告诉我们，发挥权力与领导风范，是令人类与其他动物有所差异之处。深入研究人类与动物世界的领导者，会发现打造一位领导者的核心要素并非先天的能力，而是来自后天的学习经验，也就是说世界上并不存在天生的领导者。美国密尔斯学院（Mills College）的詹妮弗·史密斯（Jennifer Smith）教授团队，曾经分析发展出社会组织的哺乳动物与人类的领导者类型，并在论文中详细说明相关事例。

外向者与内向者，谁来担任领导者能创造更好的结果？沃顿商学院最年轻的终身教授兼组织心理学家亚当·格兰特（Adam Grant）曾做过相关的实验。实验结果显示，在成员大多被动、不积极的团体中，必须由外向者担任领导才能创造成果，而在成员大多积极且乐于表达意见的团体中，则需由冷静内向者负责领导，才能提升成果。这是因为与外向的领导者相比，内向领导者的"倾听能力"较为发达。

实际上，在决定包括自身在内的团体命运时，不将选择交付他人，能够承担结果的能力，才是真正的领袖风范。如果想要做好决策，首先必须在适当的时机做出最佳的决定，如果等到确信能成功时才做决定，就会错过最佳时机。如果觉得有七成的把握会是好结果，那就应该大胆执行，并将过程分为几个阶段来进行。再者，如果判断做了错误的决策，那就应该承认错误并立即修正方向，一味执着于自己的决定，只会为组织带来害处。

　　《论语》中有这样的一句话："过则勿惮改。"这句话完整表达了孔子对犯错的想法。这是告诉我们在出错时，不该纠结于是否要改正错误。孔子是否也会犯错？这是当然的。无论孔子、孔子的弟子或其他圣贤，都会遭受他人的指责。孔子在《论语》中也曾说：身边能有一个指责自己的人，让我感到很幸福。并大方接受他人的批评，改正个人错误。

　　最后，领导者必须积极听取年轻成员的意见，这是因为年纪越大，在"认知的弹性"上就会越差，较难做出好决定，因此领导者应积极接纳年轻成员的意见，并将这些意见纳入决策时的考量。

　　世界上并不存在完美的决策，"在适当的时机做出最好的决策，并在发现决策错误时立刻修正"，只要遵守这个原则，就会提升决策能力。

培养好习惯，成为别人想交谈的对象

让身体熟悉好习惯，就像重获新生一样，不但能提升我们的自尊感，也能使我们在待人处世上更有自信，更能创造充满活力的人际关系，帮助我们成为他人想交谈的对象。

持续成长、创造成果的人，并不是天生拥有好基因的人，而是拥有好习惯的人。帮助自己成长的能量并非来自先天的才能，而是来自自制力、努力、恢复弹性与韧性所创造出的"好习惯"。

歌德曾说："如同雕刻家拥有素材，能创造出相应的作品，每个人的命运都掌握在自己手里，只是必须学习、开发将材料捏制成理想模样的技术。"

成长缓慢的人的共通点，就是有"拖延事情的习惯"，但其实只要每天都完成一些无关紧要的事情，就能催生惊人的结果。习惯是一种身体已经熟悉，会下意识重复的行为或思考。据说人类行为的 40% 是由习惯决定，也就是说个人的习惯会对健康、工作、人际关系、幸福带来莫大的影响，进而超越个人，对社会、组织、企业造成影响。

有些人一辈子会被坏习惯左右，也有些人养成好习惯而不断成长。习惯的养成会经历"信号——重复行为——奖励"这三个阶段，如果想改变习惯，首先就要下定决心，从获得信号的那一刻起，就必须开始有意识地努力。

如果你因为 6 点闹钟响醒来之后，却一直想再睡 5 分钟，进而拖延起床的时间，那最后就会躺到 7 点，同时也会因为每隔 5 分钟便响起的闹钟声，使这 1 个小时内的自己处在没有睡着却也没有真正醒来的状态，只会不断地累积紧张与不愉快。7 点起床后又急急忙忙地准备，好不容易赶在迟到之前及时抵达目的地。就这样日复一日。如果你有这样的习惯，那就请你下定决心在闹钟刚响起时起床吧！我们必须切断重复的行为模式才有可能改变。

要成为理想中的人，就是"现在立刻开始"做要做的事，不要找借口、不要辩解、不要试图合理化拖延行为。据说从下定决心到新的习惯完全内化，最长要花上一年的时间，也就是说养成拖延的习惯其实和中毒没有两样。

持续 3 个月，能养成好习惯

【第一阶段】持续 3 天，这 72 小时是关键，甩开"拖延的诱惑"。

【第二阶段】持续 3 周，就算痛苦也要每天重复，让脑中的海马回认定这是"重要的事"，进而将其转换成中长期记忆，储存在颞叶中，这样大脑就会产生新的回路。这 21 天内，每天早上都要让"懒惰的自己"与"下定决心的自己"战斗，当"懒惰的自己"尝试说服"下定决心的自己"时，当他怂恿自己只偷懒

1天时,就一定要立刻做出行动。

【第三阶段】持续3个月,可以帮助我们养成一辈子的习惯。连续3周重复同样的动作,就会产生再持续3个月的力量,进而让我们即使没有闹钟也能在6点准时起床。只要3个月来每天都在6点起床,那就给自己一点奖励吧!你很快就会发现,付出多少努力就会有多少成长。

我曾在3个月内,每天都早上6点起床运动20分钟,并要求自己每天都要写满一张A4纸,这样一来3个月就能出版一本书,持续1年下来就能出版3本书。每天走1小时,持续走28年,就能够绕地球走一圈。一件事情的开头总是让人很心动,过程虽然很痛苦,但结果会令我们十分感激。

6个方法,戒掉拖延症

很多人的"特技"是"把今天该做的事放到明天再做"。这些人总是在思考是要现在就开始做,赶在期限之前完成,还是要继续拖下去。这样的烦恼会让我们产生很大的压力,明知道早点把事情做完是应该的,但总是不断找借口一再拖延,究竟是为什么呢?

"拖延习惯"其实是因为已经习惯"不合理的延迟",这样一来,我们就必须寻找摆脱这种不合理状态的方法。"拖延"是通过"延迟"使"该做的事情产生不必要的延后"。我们经常会借口说现在有更紧急的事,不得不拖延其他事情,但这些拖延的事情对明天的我来说，会变成"更紧急的事"。

请试着回想一直拖到截止期限，一直拖到最后一刻，才虚应故事随便处理，最后把工作搞砸的经验。拖延的当下虽然很快乐，但时间一久，就会产生比快乐更强大的罪恶感，及对自己的失望，感到自己无能、忧郁，这些都是"拖延"所产生的情绪。

虽然每个人各不相同，但拖延的"延迟行为"，大致会经历这样的思考过程："微弱的希望——不安——罪恶感。"

一开始会因为还有时间、距离截止日还有一段距离，而抱持着什么时候开始都能迅速完成的微弱希望，但接着会因为意料外的事情感到不安，进而无法摆脱应该立刻着手进行的"压迫感"。一旦截止日越来越近，看着"至今仍未"开始的自己感到"不安"，虽然一方面安慰自己还有时间，所以"没关系"，不过随着截止日越来越近，就会产生越强烈的"罪恶感"，这时就会出现两种结果：

①以焦躁的心情开始行动。

②以"这是最后一次，下次一定会提早开始"的心情，放弃"这一次"。

如果选择的是②，那么时间越久"罪恶感"就会越强烈，即使下次又面临相同的情况，也有很高的概率会选择②。

深入了解与"拖延"有关的研究结果，会发现拖延者的特性并不只是单纯的"不会管理时间"，而是不擅"自律"的人不断重复"不合理的拖延"。如果想知道自己"拖延"的强度，那我建议可以试试看心理学家皮尔斯·斯特尔（Pierce Stell）所设计的问答（见下文），完成之后再计算自己的分数。

"拖延高手"们在寻找"现在不能做的理由""之后再做比较好的理由"，以及"说服他人在期限将至之前处理事情，可以更专注、创造最佳成果的理由"上都是天生好手。但长期来看，经历第三项的次数越多越危险。**一旦让"拖延的习惯"长期发展下去，那在面对人生中重要的事情时肯定也会浪费时间。**

试回答下列问题，非常同意5分，同意4分，普通3分，不同意2分，非常不同意1分。

①总是拖到很晚才做决定。

②做完决定之后会拖延执行。

③在做出最终决定之前，会把时间浪费在几件琐碎小事上。

④期限即将到来，在做准备时，总会把时间拿去用在其他的事情上。

⑤有时候就连可以简单处理好的事情，也要拖延好几天才能完成。

⑥偶尔会在期限快到时，才把几天前就想做的作业完成。

⑦总是想"明天该来做了"。

⑧不会"现在"就开始做该做的事，而是会拖到"之后"再开始。

⑨时间总是不够用。

⑩很难配合安排好的时间做事。

⑪无法好好遵守期限。

⑫曾经把事情拖到截止之前，最后导致自己受害。

你的分数总计是否超过 36 分？如果是，就表示惯性拖延的习惯已经对生活造成影响，也正带给你很大的压力。

你是否曾经历过类似的事？像是无法在期限内交出代替期末考试的期末报告，导致拿到低分；一再拖延订机票，拖到时间快到才去查价钱，结果机票已卖完，旅行计划也开天窗；没在期限内缴税而被罚款……这些经验累积起来，你就会发现"拖延"并不只是坏习惯，更是会剥夺改变人生的"机会"、拉低"人生平均分数"的致命习惯。

很多拖延者都是完美主义者，他们有所有事情都必须"完美"处理的强迫症。

因为觉得自己要做的事情"有很多需要改进的地方"，所以很容易感到挫折，即使他们已经做得很好了，还是会因为太有理想，使自己无法在确信能完美完成这件事之前开始行动。因为他们总会想把事情做到完美，所以会提出延期的要求，也会因为无法准时交出成果而感到痛苦。**为了把事情做到完美而拖延，其实也是一种习惯性的不合理延迟**。这一类的人相信只要拥有充裕的时间，就一定会有好结果，可惜事情并非如此。根据研究，学者们也有越追求完美，发表的论文数就越少的倾向，论文的质量甚至也会比较差。

"拖延"其实就是把炸弹交给明天的自己。为了抛开拖延的习惯，养成新的好习惯，在此介绍 6 个能每天练习的好方法：

①自行将截止期限提前 24 小时。

②在要执行那件事情的地点（例如书桌前）思考。

②把要完成的事情切成几个部分，重复"完成——休息——完成——休息"的流程。

④完成课题之后奖励自己。

⑤跟别人一起做，或是请他人催促自己。

⑥想要拖延时，就喊"五、四、三、二、一，开始！"来敦促自己。

我们很难靠努力提升智商，但只要养成好习惯，就能进化成"更好的人"。"努力"可以战胜"天生的才能"，或许会花很多时间，但只要每天一点一点地重复练习，总有一天能够赢过"天生有才能的人"。

勤劳＋毅力，戒掉坏习惯

"习惯的力量是天性的 10 倍。"近代心理学创始者威廉·詹姆斯（William James）曾说："有意志力去执行一件事，就是养成习惯的最佳方法。"坏习惯通常会慢慢成形，使我们陷入"日常中毒"的状态，而坏习惯究竟是慢慢改比较好，还是一口气改掉比较好，其实专家的意见也各不相同，不过下定决心之后就还是先试试看再说吧！

第一，请改变环境。

比起意志力，更重要的是从改变环境中的小细节做起。像是事先隔绝那些可能诱惑自己的东西，切断接触那些东西的可能性，不妨这样做：

- 决心禁烟：丢掉香烟。
- 决心禁酒：丢掉酒，以午餐约会代替晚餐约会。
- 决心少吃面粉：不要接近卖面粉食品的餐厅。

第二，比起意志力，更需要让行为规律化。

建立像是"无条件做某事"的"自动习惯行为"，这样一来不管做什么都能帮助你养成习惯，像是：

- 早上起来无条件××。
- 睡前无条件先××再睡。

硬逼自己做那些一开始就觉得明显会失败的事情，给自己太多压力时，反而不太可能成功，但当你有坚持下去的意志力时，即使有些痛苦、有些不方便，只要从下定决心的那天开始执行，就能有效改掉这个像中毒一样的习惯。只要一开始让自己满意，那就会更有动力去尝试第二次、第三次。

"我天生就是懒，能怎样？""我天生就这样，还能怎么办？"是不是经常听到这些话呢？没有决心改变的人，经常会以此为自己辩解。请大家相信神经系统是站在自己这一边，勇敢地执行吧！

电影导演伍迪·艾伦（Woody Allen）曾说："我观察了很久，虽然很多人都说自己的梦想是当编剧，但大多数的人都在一开始就失败了，很多人甚至没写出过一部戏、一本书。相较之下，那些不管如何先完成一部戏、一本小说的人，最后通常都能获得站上舞台的机会或出书。"

你有梦想吗？有才能吗？有非成功不可的事吗？那你有努力的毅力吗？拥有一切却没有"毅力"，是很难成功的。有研究结果指出，即使一个人拥有的才能是他人的两倍，但只付出一半努力的人，只能活得跟普通人差不多。另外还有研究发现，**才能不足却持续努力的人，能达到与有才能者差不多的成就，长期下来甚至可能获得更大的成功。**

"要说我比别人更好的地方，那就是我勤劳到夸张的程度，甚至会让人感觉我这么努力很蠢。我在跑步机上，总是会摆出毫不畏惧死亡狂奔的姿态，没有人运动的量比我更多，但我想应该有很多人比我更有才华、更聪明、更有吸引力，不过跟我一起站上跑步机之后，如果不是对方先弃权，就是我跑到死，真的。"这是得过格莱美奖的威尔·史密斯（Will Smith）所说的话。

此外，他还说过："才能与技术对为了崭露头角而努力的人、有梦想的人、想有成就的人来说，是很容易误会的一对概念。才能是天生的，但技术必须经过长时间的打磨才能锻炼出来。"

不经努力的才能只是潜能，还需要加上人的热情，而比热情更重要的就是毅力。我曾经以即将毕业的大学生、企业的新进员工、即将升迁的人员为对象做演讲，其中有超过九成的人表示，他们会为了自我创新、成长而建立具体的目标，并以挑战精神武装自己，再加上热情去迎接新的挑战。他们所做的尝试包括学习外语、加强操作电脑能力、为健康运动等。不过有的人当他们付出努力并感到吃力时，就会开始想找捷径，且经常会放弃，并且开始找新的目标。

1940年，哈佛大学的研究团队曾进行一项实验，实验目的是归纳出"健康青年的特性"，以帮助人们更幸福、活出更成功的人生。实验过程中，团队邀请130位学生在跑步机上跑5分钟，并要求他们把坡度与速度都设定在最大值，最后发现，大部分的学生都只能撑4分钟。数十年之后，团队再去追踪这些参加者，结果发现"在跑步机上坚持跑步的时间，与精神健康之间，存在着一定的关联性"。跟才能、目标、热情相比，重要的是今天、明天、后天都要坚持下去的决心，也就是"毅力"。我们需要不向懒惰妥协的勤勉，需要能果断促使自己前进的毅力。勤勉与毅力正是自我创新、自我改变的开始。

练习感谢，就能创造幸福

在做喜欢的事情时大脑会充满活力，而硬逼自己做讨厌的事情时，大脑会无法正确启动。相较之下，做喜欢的事时，大脑的活力会是做讨厌的事时的两倍。当你享受自己正在做的事情时，就能够创造惊人的成果。子曰："知之者不如好知者，好知者不如乐之者。"也就是说懂得享受的人能够获得最终的胜利，懂得享受自己在做的事，也会促使大脑改变，这样会带给大脑好的压力，唤醒沉睡的脑细胞，唤醒沉睡的潜力。

当我们享受一件事时，大脑会分泌被称为"幸福荷尔蒙"的血清素。血清素能够抑制激动、冲动的心情，一旦了解到这件事，你肯定会想立刻开始改变自己的生活形态。

血清素是一种神经传导物质，会对大脑中掌管本能的杏仁核带来影响，它也被称为调节荷尔蒙、幸福荷尔蒙、学习荷尔蒙。它能够使心理状态维持平和、乐观，是一种适用于治疗忧郁症、强迫症、冲动控制障碍、进食障碍、恐慌症、慢性疲劳症候群、睡眠障碍、慢性疼痛的物质。它能使我们感到轻松、充满生机、更有动力，是能够帮助我们控制情绪的幸福荷尔蒙。

人体的细胞有 60 兆个，且都会依照大脑的指令行动。血清素神经位于生命中枢，并遍布整个大脑，只要能顺利产生血清素，就能传递给体内的 60 兆个细胞，让我们的身心都充满幸福荷尔蒙。运动时、走路晒太阳时、吃美食时、深呼吸时、感受到爱时、熟睡时、冥想时、处在平静的环境中时，身体都会合成血清素。不过，血清素是很敏感、珍贵的物质，故分泌量并不多，持续的时间也不长，所以必须每天、每一个瞬间都持续努力让身体制造血清素。

面带微笑能带来好关系

几个世纪以来，学术界不断针对笑容会对维持健康带来显著效果一事进行研究。13 世纪初，外科医师为了降低手术带来的痛苦而尝试与患者一起笑；16 世纪的学者罗伯特·波顿（Robert Burton），则将笑容用于治疗忧郁症；教育学者理查德·马尔卡斯特（Richard Mulcaster）也曾记录："笑容就是最好的身体运动"；17 世纪的哲学家兼心理学家赫伯特·斯宾塞（Herbert Spencer）也曾提到，笑容有助大幅缓和过度的紧张；19 世纪的学者戈特利布·胡费兰（Gottlieb Hufeland）曾表示，笑容有助消化；20 世纪的美国医师詹姆斯·威尔斯（James Wales）也曾记录，笑容能够刺激内脏器官，显著提升内脏的功效。

撰写《笑退病魔》（*Anatomy of an Illness*）一书的诺曼·卡森斯（Norman Cousins），在罹患骨头与肌肉僵硬的"僵直性脊椎炎"时，曾说每天都经历难以承受的痛苦，但看喜剧节目大笑一场之后，他感受到痛苦减轻许多。他发现只要尽情地笑15分钟，疼痛减轻的时间就能维持2小时之久。

笑的时候所使用的肌肉，与大脑的笑容运动中枢相连，当我们接收到正面情绪时，笑容运动中枢就会活跃起来，并促使笑容肌肉做动作。同理，如果大量使用笑容肌肉，大脑的笑容运动中枢就会跟着活跃。大脑会适应肌肉持续传送来的资讯，也就是说我们刻意摆出的姿势，会对大脑造成强烈的影响，所以即使勉强自己也没关系，常笑的确能够让我们变得更幸福。

笑的效果其实比我们所知的更多元，光是使用表情肌肉让我们笑开，就能提升专注力、学习能力与执行工作的能力。有许多研究结果都指出，当人类以幸福、愉快的状态读书，背诵能力、应用能力都会显著提升；反之，若在累积压力、烦躁的状态下，学习和工作能力自然会下降。

使用笑容肌肉时，大脑会产生什么反应？根据神经生物学家贾亚克·潘克塞普（Jaak Panksepp）的研究，多使用笑容肌肉所感受到的喜悦，就像经常被称赞一样。**工作之前、读书之前多笑一下吧！因为这样可以提升效率与生产力。**

力量姿势加上笑容练习，都是能让身体与精神达到和谐的"实际行为"。常笑不仅能促进新陈代谢、使身体状况变好，也会使人自然而然地正向思考。正向思考会产生大量的正向情绪，也能清除负面的念头。

现在就立刻站到镜子前练习微笑，先让自己的身体活过来、把鼓励他人的话挂在嘴边,和身边其他人的关系也会开始渐渐好转。只要自己主动露出笑容,对方也会跟着露出笑容,这样就能使人际关系有正向的成长。

即便在奥斯维辛集中营当中,人们仍会每天微笑以战胜恐惧、不放弃对明天的希望。他们每天晚上都会在小舞台上表演脱口秀,让自己笑、逗别人笑。这个例子告诉我们,我们心中的确存在身处极致痛苦中仍能尽情大笑的能力。

在极限环境当中仍能笑出来的能力,是我们保护自己的精神武器,能够帮助我们客观看待痛苦的现实。笑能够使我们的大脑更幸福、令对方跟着露出笑容。

找回童心,抚平过劳、忧郁

某天晚上 6 点,在首尔的往十里站,有十几个四五岁的孩子一起挤上了客满的地铁。

"大家抓住彼此的腰!"老师这么喊着,但只要车厢稍微晃动,那群孩子就会跟着晃动。我让两个最小的女生坐在我的膝盖上,紧紧抱住她们之后,又让另一个男孩子抓住我的手臂。

"阿姨,你要去哪里?"

"阿姨你几岁?你是阿姨对吧?"

"对,我应该比你们的妈妈大喔,外面在下雨,你们刚刚去哪里啊?"

"毕业旅行!我们去南怡岛!"

瞬间，四周的乘客都大笑了出来，孩子们的表情非常真挚，还摆出了好像毕业生的姿势。

"哇，好棒喔，毕业旅行耶！托儿所毕业之后会去哪里呢？"

"当然是幼儿园啊！"一到新堂站，老师就把孩子们聚在一起说"大家手牵手，牵好喔"，而坐在我膝盖上的孩子也跳了下来并拉住我的手。

"阿姨，我们一起去托儿所吧！"

"我也很想跟你一起去，但是我要去工作，恭喜你毕业！"

"那明天你要是没事做，就来我家玩吧，我家在××公寓××号，一定要来喔！"

"好！如果没事我一定会去！"

这位名叫金素恩的小朋友即使车门关上了，依然站在原地不停挥手。那是去年冬天的事了，但我一直记在心里，当时的画面还留在我的脑海中。每当觉得疲惫、无聊时，我就会想起素恩，也会很想去她家玩。因为那是个只要想起来就会忍不住露出微笑的画面，所以我也很努力地想详细记录下来、努力记在脑海中。

每当被工作与人际关系缠身而陷入愁云惨雾时，人们应该都能从记忆中找出几个让自己露出微笑的画面。其中与孩子对话、露出大大笑容的幸福回忆，具有能让我们笑得更开心的力量，这就是童心的力量！

面对那些因为感到活着很无趣、好空虚、很无聊而叹气的人，我总会建议他们这么做："跟开朗的小朋友聊天。"**只要唤醒我们因为年纪渐长而逐渐失去的童心，就能有效地让受忧郁症、过**

劳等"心病"所苦的成人获得疗愈。当我们失去"童心"的瞬间，就会因为忧郁感以及日渐低落的自尊感，而渐渐失去心的力量。

在心理治疗上来说，从艺术治疗、童话治疗（文学治疗）、童谣治疗（音乐治疗）切入比较容易，治疗的效果也比较好。找回童心之后，我们能跟心里那个在哭的孩子对话，也能够治愈他，吸收那些幸福的回忆，让我们重新找回笑容。

如果想找回那些一直以来被我们遗忘，仍然静静存活在心中某个角落的"童心"，那就试着从跟孩子对话开始吧！再唱一次小时候喜欢的童谣，偶尔可以拿起粉蜡笔画图，试着回归童心，就能发现变幸福的自己。

每天练习说谢谢，找回幸福感

感到幸福时，心跳最稳定。生气、悲伤、烦躁都会打破心跳的平衡，让心跳变得很不安定。心脏是对情绪反应最为敏感的器官，一旦心脏的平衡被破坏，就会陷入压力当中，无法好好处理事情，也会失去恢复平静的力量。我们感到烦躁时会使心跳不平静，烦躁会破坏心跳的平衡，是一种最坏的情绪，我想幸福的相反并不是不幸福，应该要说是烦躁会更为恰当。

这时候身体会分泌一种叫作皮质醇的压力荷尔蒙，要是你的烦躁情绪持续 1 分钟，那皮质醇分泌的时间就会长达 40 分钟。对一般人来说，一天烦躁 15 分钟是家常便饭，但这样就会让身体持续分泌压力荷尔蒙长达 10 小时。换句话说，如果晚上 12 点时有 15 分钟的时间感到烦躁，那么直到第二天上午 10 点，身体都会一直分泌皮质醇。如果你早上起来觉得自己状况特别差、没来由地感到烦躁，那就是因为前一天晚上烦躁的 15 分钟所致。

帮助心跳恢复最平静状态的情绪是什么？是喜悦吗？是乐趣吗？正确答案其实是"感谢"。当一个人经常感到感激，身体就会展现惊人的恢复力，进而提升解决问题、控制情绪、解决冲突等能力，也会使恢复弹性提升。当你感到烦躁时，就试着回想让你感激的时刻、让你感激的对象吧！

建议大家每天练习一个让自己变幸福的方法，并且将过程记录下来。让联结更加紧密的力量，其实就存在于我们心中。